Why Marriages Succeed or Fail
And How You Can Make Yours Last

好的婚姻

如何让你的婚姻持久幸福下去？

[美] 约翰·戈特曼 John Gottman
[美] 娜恩·西尔弗 Nan Silver 著
王姗姗 译

湖南文艺出版社
博集天卷

·长沙·

只 为 优 质 阅 读

好
读

Goodreads

献给

我深爱的

妻子朱莉和女儿莫里亚

两人胜于一人;

两人同劳,可得善果。

若倾跌,则可互相扶持;

若孤身而跌,可叹无人援之起。

两人同寝,则可得暖;

一人独寝,何以得暖?

人若攻其一,两人可敌之。

——《传道书》4: 9—12

前言

就我的个人生活而言,我在理解亲密关系方面并没有什么伟大的智慧。事实上,我可能经历过大部分不良亲密关系的陷阱。当我遇到我的妻子朱莉·施瓦茨时,好运终于开始降临,现在我已经能够亲身体会到越来越幸福美满的婚姻生活。

这本书既不关于我,也不关于如何拥有美好婚姻的观点。我的专长是对夫妻进行科学的观察。是什么使夫妻得以相濡以沫、不会分离呢?为了寻求答案,我在二十多年里研究了数百对夫妻。在这个过程中我发现,我的许多个人观点,甚至许多传统看法都是站不住脚的。但是,研究的力量是强大的,因为研究使我可以远远超越有限的直觉及独立治疗师的预感。通过公正的观察和统计结果,你可以听到本性的呼唤,可以探求到真理。参与我研究的夫妻在本书中分享了他们的故事,这些故事可以让我们管中窥豹,窥探到隐藏的亲密关系自然法则。

这些夫妻分享了他们的痛苦,也分享了他们的喜悦,他们向我展示了一段关系相处中的众多可能——正如《传道书》所言:"两人胜于一人。"就好像我们每个人都曾在某个盛大而神秘的合唱团中独唱,而当我们找到可以在二声部和声中融为一体的伙伴时,我们的声音就可以飘向天际。

目录

第一章

婚姻的秘诀是什么？/ 001

第二章

婚姻类型：好的、坏的、多变的 / 025

第三章

"末日四骑士"：预警信号 / 073

第四章

当你内心的想法积重难返时 / 119

第五章

两种婚姻：他的和她的 / 167

第六章

你的婚姻：诊断 / 201

第七章

改善婚姻的四大关键点 / 217

第八章

强化基础 / 257

致　谢

/ 295

第一章

婚姻的秘诀是什么？

你们也许曾计划一场两个人的浪漫盛大旅行,但是在旅途中,你们却发现,一旦待在一起,你们就会争吵不断,之前也为了同样的事情吵了二十次都不止了。争吵的原因可能有很多:也许是关于未来的计划——是否买一套更大的房子,要不要孩子,什么时候要孩子,如何为退休存钱;也许是关于过去的创伤——他在蜜月时的表现不尽如人意,或者她与同事多年前的风流韵事。可能是一场永无休止的争论,你们因为家务、管教孩子、何时发生性行为、如何度过假期争吵不休。你和你的伴侣有没有过这种经历?

我认识一个女人,她和丈夫千里迢迢到了新西兰,却在抵达的当晚就第二天的安排发生了一场激烈的争吵——他想去深海潜水,而她想去海滩晒太阳。

"你的想法总是那么幼稚,"她十分恼火地说道,"你为什么就不能像个中年男人一样行事呢?"

他反击道:"你扼杀了我的冒险意识。"并添加了一丝轻蔑的语气,"你真让我厌烦透了。"

她很快就哭了,争吵大约持续了一个小时才停下来。他们被彼此的侮辱性言语深深刺痛。坐在那里时,他们陷入更深的痛苦:他们一起来到天涯海角,却陷入了十五年前就开始的循环往复的争吵。

这听起来是不是似曾相识?或者你和你的伴侣能不惜一切代价避免这种小冲突?也许你们更像我熟悉的另一对夫妻:一起度假时,他们会小心翼翼、委曲求全,回避任何潜在的分歧,埋葬过去的失望,抑制开口抱怨的冲动,忽略任何冲突的迹象。如果你和你的伴侣这样行事,那么你们两个都不会说出你们真正的想法,这样就不会发生摩擦,也不会有人受伤——这是和平共处的时候。但偶尔你们会因为不安而猛然感到心中隐隐刺痛。比如,当他以某种方式把他的夹克扔到肩上时,或者当她用手背拂去眼睛上的一缕头发时,这种刺痛感可能会浮现出来。这些熟悉的微小动作可以让你记起这段关系里曾经有更多的激情。你不禁愕然,曾经的欢声笑语、浓情蜜意都去哪儿了?在一起的生活什么时候变得如此平淡无奇、黯然失色?

也许——至少有时,你们就像我认识的另一对夫妻。一个周日的下午,他们一起去城里。她想去商店逛逛,但他的不耐烦开始溢于言表。她开始生闷气,心想:他并不想花时间和我相处,真是太冷漠了。同时,他沉思着:她太能败家了——真是自私,为什么我们不能简简单单去散个步呢?于是余下的时间里,两人就各自思索着对方的过失。

或者，你们就像另一对夫妻，他们甚至不再花时间相处了。到了周日，她就陷入一系列的家务杂事中：帮孩子们完成学校项目、洗衣服、收拾屋子。他出去打垒球，在汽车上工作，或者打开电视看足球比赛，或者去某个地方闲逛。如果你和伴侣经历过很多这种时刻，这意味着即便你们两个同处一个屋檐下，也可能生活在永不交会的"平行宇宙"中。

然而，这就是你结婚时深爱的人，是你发自内心想要与之携手一生、甘苦与共的人。即便你祈愿一切如意，也还是有非常不如意的时刻。就像有一股强大的暗流抓住了你们俩，让你们充满了负面思维，产生了极具破坏性的情绪，做出了令人痛苦的举动和反应，逐渐走向封闭和孤独。

这股神秘的暗流是什么？现如今，许多婚姻土崩瓦解，因此寻求这个问题的答案比以往任何时候都更加重要。过去二十多年间，我开展研究的目的就是找到这个答案。我在上文列出了不同类型的夫妻，而通过对数百对夫妻的详细观察，我发现了丈夫和妻子之间无形的情感流。这些藏匿在地下的情感流可能会突然涌到地面，有时是和谐之泉，有时则是不满之井。

婚姻破裂后得以维系的真相是什么？在探寻这一答案的过程中，我发现许多传统智慧——甚至包括许多婚姻治疗师的观点都极具误导性，或者是完全错误的。例如，一些夫妻会爆发激烈争吵或彻底避免冲突，即便是专业人士也常常把这些婚姻模式视为问题发生的征兆，但我发现这些可能意味着高度成功的调整，能够继续维持两人间的关系。另外，吵架——当用于表达不满和抱怨时——可能是一对夫妻为他们的关系能做的最健康的事情（事实上，他们的吵架方式是诊断婚姻健康状况的具有说服力的方法之一）。当你看到我对婚姻情感动态的解释时，你将更加清楚为什么这些传统观念是完全错误的。我在一个简单的模型中绘制出了这些动态，动态图可以作为一个模板，让你以崭新的眼光审视自己的婚姻。

好消息是，如果你熟悉了这些改善或恶化婚姻关系的情感动态，那么你自己婚姻关系中似乎难以捉摸的力量对你而言就不再那么神秘了，你也不再受它们支配。在这本书中，我将向你展示如何在你自己的婚姻关系中探测这些力量，这样你就能够像透过 X 射线一样看到你婚姻中隐藏的情感轮廓。通过显化这些隐藏的力量，你可以开始控制你婚姻之旅的方向——最终停止破坏性的争吵，不再内耗式地想着对方，并打破可能摧毁婚姻的恶性循环。你可以打开通往更有活力、更加丰盈的亲密关系之门。

揭秘婚姻危机

如果你对婚姻的未来忧心忡忡，那么你并不孤单，有许多人与你有同样的感受。超过一半的头婚以离婚告终，二婚的离婚率更高，约为百分之六十。毫无疑问，对美国夫妻来说，这是一个令人恐惧的时期：虽然许多社会科学家曾认为离婚率在二十世纪八十年代已趋于稳定，但新数据表明事实恰恰相反，离婚率实际上正随着时间的推移而不断攀升。一九八九年,威斯康星大学的研究人员对美国人口普查记录进行了研究。根据一九八五年的数据,头婚的离婚率达到了百分之六十七,这着实令人震惊。换句话说,每三对新婚夫妻中就有两对走向离婚——除非他们做出一些改变。这本书要探讨的就是这种"改变"——如何做出改变,挽救你的婚姻。

毫无疑问,这些统计数据令人沮丧,尤其是当你担心自己的婚姻可能面临危险时。更令人不安的是,面对这些数字,似乎没有人能搞明白为什么我们的婚姻变得如此不堪一击。好像有某种隐藏的邪恶力量在美国肆虐,导致婚姻破裂。但实际上婚姻及婚姻问题看起来如此神秘的原因非常简单:迄今为止几乎没有人针对这种复杂关系开展科学研究。有很多关于夫妻关系"保鲜"的书,但绝大多数书只是基于婚姻治疗师的所见所闻所感而写,有些书甚至仅仅基于寥寥的案例和理论思考而写。

而且,在我看来,大部分关于婚姻的研究都存在一系列问题,比如提出错误的问题,或者得出根本站不住脚的结论。当然,解决的办法就是进行可靠的实验,研究稳定的和有问题的婚姻,系统地追踪是哪些情感趋向导致某些夫妻渐行渐远,哪些情感趋向使得其他夫妻共度一生。在过去的二十多年里,我的研究团队一直在做这件事。研究呈现了一系列令人惊讶又科学可靠的发现,在很大程度上填补了知识空白。我写这本书就是为了与读者分享我们的最新研究成果。同时,即使你的婚姻看上去风波不断,我也会提出我的见解来帮助你巩固婚姻关系。

当然,并非所有的夫妻都必须坚持维持婚姻关系。如今大多数已婚人士都无法成功地滋养和维持他们最珍贵的关系，这一事实令人担忧。我相信，准确地诊断婚姻中的问题可以帮助夫妻建立更稳固的关系。

在你们迈入婚姻殿堂的那一天，你们对拥有美满幸福的婚姻充满憧憬。我相信，尽管离婚率不断上升，你们仍然有机会实现这个梦想，即使有一些迹象表明你们的婚姻出现了一些问题。尽管我们的研究还远未完成，但我们目前的研究结果提供了迄今为止最准确的描述，解释了为什么一些婚姻幸福美满而另一些婚姻以失败告终，并指导你可以采取哪些措施来提高自己婚姻幸福的概率。

鲍勃和温迪：先驱

在我做心理学家的职业生涯早期，一对年轻夫妻（我把他们分别称为鲍勃和温迪）向我寻求帮助，希望我能让他们走出目前面临的婚姻困境。他们曾经充满激情、彼此相爱，被对方与自己截然相反的性格所吸引。温迪精力充沛，天生富有创造力和设计才华。鲍勃则保守理性，喜欢秩序。他喜欢她的活泼，觉得她令人振奋——"有点吉卜赛人的味道"。她则被他的理智靠谱、平和的脾气所吸引。

但是随着他们结婚生子，家庭生活的压力逐渐加剧。温迪全职从事快节奏的媒体工作，而鲍勃则一边照顾孩子和做家务，一边努力完成研究生学业。当我见到他们时，他们已经不再被对方的独特品质吸引，反而开始对对方的习惯产生了厌倦和蔑视。

"我不明白你怎么能这么邋遢，"鲍勃怒气冲冲地说道，"我为了维护你的房子，付出了这么多努力，你甚至都不知道感激。"

"我的房子？"温迪反驳道，"我们都住在这里，但因为我是女人，你自然而然地认为操持家务是我的责任。"

"那不对，"他回击道，"你只是做了所有的装饰。我才不在乎这些家具和这些……东西！我只是在尽力维持。"

"所以你不珍惜生活在美丽的环境中是我的错？你知道你的问题是什么吗？你总是害怕任何冒险或尝试新鲜的事物！"

这样的争吵每天都在上演。尽管他们的初衷是好的，但谈话却似乎变成了对家务、照顾孩子和个人习惯的无休止的批评。一旦他们表明了自己的立场，他们就感到被困住了，好像没有办法卸下防御、停止愤怒。有一天，在直觉的驱使下，我提出把他们的谈话录下来，这样我就可以更仔细地观察他们互动的动态。

我们最终录制了三盘录像带。在第一盘录像带中，我建议他们玩一个名为《NASA[1]登月问题》的游戏，在这个游戏中，两个人需要按照顺序排列一系列登月所需的物品。这对夫妻在游戏中表现得很出色。他们讨论得热烈生动，富有成效，充满了欢声笑语。他们在合作和解决问题方面得分很高。但也许更重要的是，他们能够清晰感知到彼此间的感情。显然，这对夫妻就是多年前相遇并相爱的那对璧人。

---

[1] "美国国家航空和航天局"的英文缩写。——编者（如无特殊说明，本书脚注均为编者注）

然而，在第二盘录像带中，和谐就消失了。我请他们讨论他们婚姻中的一个重大问题。他们很快又开始争吵、噘嘴、抱怨、感到愤怒和痛苦。他们在家录制的第三次谈话更糟糕。他们一遍又一遍地提同样的问题，而每次在他们临近解决问题时，其中一方总是不可避免地破坏这个过程。当录像带最终录完时，鲍勃和温迪都筋疲力尽，充满了绝望。

我一遍又一遍地观看和收听这些录像带。然后我和鲍勃、温迪一起听。他们的谈话中有一些关键或令人困惑的内容，我请他们告诉我这时候他们的想法和感受。然后，我在这些看似琐碎的争吵里探测到了一段丰富而痛苦的历史，其中包含了一些未解决的问题：他想要不被干涉，她想要得到他的重视。我了解到，鲍勃和温迪就像我多年来接触的大多数夫妻一样，只渴望从他们的婚姻中得到两个要素——爱和尊重。但与许多苦恼的夫妻一样，他们的沟通方式已经变得扭曲。他们发现自己愈发频繁地陷入了一种可怕的互动中，只能感受到对方的批评和轻蔑。这种反复出现的互动让他们两个都感到惊慌，他们都害怕他们会以离婚收场，虽然谁都不想离婚。

尽管如此，鲍勃和温迪仍然在努力挽救他们的婚姻。通过我们共同的努力，这对夫妻对他们的互动有了深入的了解。他们在治疗中努力地寻找更好的方式来表达对对方的需求。我上一次见到他们是二十年前，那时他们似乎在走向更稳定的亲密关系。他们愿意帮助我做这个录像实验，是驱使我进入新领域的部分原因。我决心找出一些婚姻破裂而其他婚姻愈发圆满的原因。有一些夫妻陷入充满敌意和痛苦的恶性循环，我觉得更好地理解导致离婚的破坏性互动可能会拯救这些夫妻的关系。

预测离婚

在二十世纪七十年代初，离婚率已经飙升，但预测离婚在当时还属于一个未知领域。虽然有很多心理学家用理论探讨如何修复破裂的婚姻关系，但这些理论大多基于心理学家对自己的来访者的直觉和咨询的经验。我并不是说他们的想法没有价值，但是预防离婚就好比预防心脏病，你不会依赖一位仅仅治疗过十几例心脏病患者的医生的经验；你会依靠精心设计的、数百人参与实验的科学工作，其中有一些人患有心脏病，另一些人没有。同样的道理也适用于治疗问题婚姻带来的心碎症状。然而，还没有人针对破裂及稳固的婚姻开展过这种扎实的系统性研究，以梳理二者之间的差异。作为一名数学家和开展研究的心理学家，我决定采用科学的方法观察丈夫和妻子的谈话，特别是那些充满愤怒、沮丧和孤立情绪的时刻。我希望从这迷雾中提取出一些关键点，看看是什么让一些夫妻共度一生，而让另一些夫妻分道扬镳。

二十年后，这一策略获得了巨大回报。我们第一次能够准确地指出婚姻出现问题的微妙预警信号，并告诉你如何充分利用这些见解，让自己的婚姻走上正轨，并在未来的岁月中稳步前行。

婚姻的 X 射线片

我的实验进行了有史以来最深入的夫妻互动研究，就像是对现有关系进行了 X 射线或 CT[1] 扫描。我们的研究团队以微秒[2] 为单位比较了夫妻之间的交谈方式。我们观察了他们的面部表情，监控了他们的烦躁程度，并观察了他们的手势。我们还研究，当他们试图共同解决矛盾时，他们的心率会发生什么变化。在这种情况下，不稳定的伴侣是否会表达更多的讽刺或蔑视？他们是否呼吸更加困难？是否觉得倾听更加困难？他们对彼此情绪的理解程度如何？如果他们以不同的方式描述婚恋史，这是否代表了什么？第一次见到她时，她穿的是黄色衣服，他能否记得这一点重要吗？他们是否会笑着回忆起过往的艰难时光？这些重要吗？

我们发现这些都很重要。更重要的是，收集这些信息使我们能够判断婚姻破裂的具体原因，找到使婚姻关系更加牢固的方法。让我再次使用心脏病这个比喻做个说明：预防心脏病需要预测导致危机的事件，如动脉斑块形成、高血压、胸痛等。预防离婚也需要同样的远见。这就是为什么我的研究旨在确定哪些反应、想法会使夫妻走上离婚的道路。通过这种方式，我们能够以惊人的准确度预测哪些夫妻将继续保持婚姻关系，哪些夫妻会分道扬镳。例如，在一

---

[1] X 线计算机体层成像的英文缩写。
[2] 1 微秒等于 10^{-6} 秒。

项研究中，仅凭夫妻对婚恋史的看法和他们的生活习惯，我们就能够准确预测三年后哪些夫妻将会离婚，准确率达到了惊人的百分之九十四。这是迄今为止婚姻科学研究中最高的预测准确率。

我并不是说我们的研究结果万无一失，也不是说每对遇到某些问题的夫妻都注定会走向离婚。在我的研究中，我需要对每对夫妻进行大约二十个小时的实验室直接观察和接触，才能对他们的婚姻走向做出预测。即便如此，预测结果也不是完美的。然而，许多曾经在婚姻中遇到困难的夫妻最终都找到了解决问题的方法，拥有了稳定而美满的婚姻。

如果我们意识到婚姻中的特定模式和互动是离婚的部分原因，并且知道如何改变它们，我们确实可以远离婚姻的滑坡。我本着预防的精神为读者提供了改善婚姻关系的建议——尽管我对此有些犹豫。因为我知道我的研究还没有结束，婚姻的动态非常复杂，我相信我们还有很多事情需要探索。尽管如此，通过比较美满和失败婚姻中夫妻的相处模式，我们还是学到了很多。我希望与读者分享我们的见解，帮助你改善当前的婚姻关系，并使其持续健康发展。

难以消逝的古老谬论

多年来，许多理论都试图解释离婚率激增的根本原因。阅读流行和心理学文献时，你会找到罪魁祸首。一些社会科学家指出，问题的核心在于我们的社会从家庭农场经济转向了工厂经济，这削弱了家庭的重要性。还有一些人指责法律的变化使离婚变得更加容易，或者女性的经济逐渐独立使妻子能够更容易地摆脱糟糕的婚姻。一些专家指出，我们社会的暴力程度越来越高，离婚前经常出现的蔑视和敌对等心理虐待可以被视为低级暴力形式。

综合来看，这些解释都指出了维系婚姻关系的社会纽带正在变脆弱。然而，如果你正试图走出婚姻困境，这些解释对你可能没有太大帮助。如果你目前已婚或打算结婚，你最关心的应该是如何避免成为统计数据中的负面案例。

由于目前对于婚姻破裂的原因还没有足够可靠的研究，我们很容易相信那些听起来好像很有道理的陈旧观念。比如，有一些关于金钱的谬论。一些数据显示，经济困难会使离婚概率增加一倍，但是许多低收入夫妻却能相濡以沫。无论你挣多少钱，不管是年入一万五千美元还是十五万美元，你的婚姻稳定水平可能并不会因此而产生变化。在《大萧条的孩子们》一书中，G.H. 埃尔德对二十世纪三十年代的金钱问题如何影响家庭进行了有趣的描述：那些在股市崩盘前感情稳固的夫妻，在股市崩盘后似乎感情更加稳固，因为妻子和孩子都加入了挣钱养家的行列中。另一方面，本来就存在问题的家庭关系更有可能因经济冲突而破裂。随着经济问题的恶化，问题婚姻中的丈夫在餐桌上与家人的距离越来越远，这是夫妻之间距离拉大的具体表现。从本质上讲，此类研究表明，婚姻现有的优势或劣势只会因失业或金钱问题等外部危机而被放大。

夫妻在性方面的分歧被广泛认为是婚姻的洪水猛兽，而在性方面我们也可以得出类似的结论。很久以前，一些心理学家认为，夫妻性生活越频繁，他们就越幸福。然而，我们现在知道这并不完全正确。真正重要的是夫妻在性方面的观念和偏好是否一致。还记得电影《安妮·霍尔》中的场景吗？当安妮的治疗师问她和艾维的性生活频率时，她回答说："经常，每周三次。"而艾维的治疗师问他同样的问题时，他却回答说："几乎没有，每周三次。"问题不在于你们的性生活频率，甚至也不在于你是否同意每周有三次性生活是最佳的，而在于你们如何处理在伴侣关系中难免会出现的分歧。

一个与此密切相关的谬论认为，契合度——不管是在床上还是床下——是成功婚姻的必要基础。比如，你喜欢与家人和朋友共度闲暇时光，但你的伴侣宁愿和你一起单独待在家里；或者你认为信用卡是一种神圣的礼物，而你的伴侣则倾向于随用随付；也许你觉得日托中心很好，而你的伴侣却坚信宝宝应该和母亲一起待在家里。婚姻顾问进行预测时，会先看看问题在哪里。

乍一看，"契合度是成功婚姻的必要基础"似乎很有道理。明尼苏达大学的家庭社会科学教授戴维·H. 奥尔森进行了一项研究，他编制了一份名为"Prepare Marital Inventory（婚姻准备清单）"的婚前预测问卷，用于检测即将步入婚姻殿堂的丈夫和妻子之间的差异。这份由神职人员在婚前咨询时提供的调查问卷共有一百二十四个问题，涵盖了夫妻生活的十二个方面，包括性格、财务、性、子女和宗教取向。奥尔森的问卷在确定潜在热点和预测婚姻满意度方面做得相当不错。在对结婚三年的夫妻进行调查后，奥尔森报告称，相较于那些对婚姻不满意或离婚的夫妻，如今对婚姻满意的夫妻在三年前的测试中的得分更高。

然而，奥尔森无法预测的是，在他研究的众多对婚姻不满的夫妻中，哪些能够维持婚姻，哪些将会走向分离——这才是关键问题。毕竟，许多关系基本稳定的夫妻都会经历偶尔的不满期。你一定认识那些觉得自己的婚姻不太理想却能长久相伴的夫妻，或者是性格迥异却觉得婚姻很美满的夫妻。你可能还认识那些矛盾不断却仍然维持婚姻的夫妻，因为他们觉得婚姻所带来的回报是值得为之努力的。

奥尔森提出了观点相似可避免离婚的假设，但我认为这并不正确。在我的研究中，我实际观察了一些夫妻如何解决分歧，然后在多年后追访他们，看他们的婚姻是否稳定。我发现，如果一对夫妻最初互相抱怨，随着岁月的流逝，他们的婚姻反而会很稳定。我的研究表明，夫妻如何解决分歧比想法契合更为关键。实际上，偶尔的不满意，尤其是在婚姻初期，从长远来看似乎对婚姻有益。

很明显，婚姻的幸福和完美的契合度并不是维系夫妻关系的唯一黏合剂，甚至可能不是最重要的因素。我的研究团队面临的挑战是确定美满婚姻的真正关键要素。这是一个相当高的要求，我们需要对婚姻关系进行长期的跟踪。但如果想要知道哪些夫妻会继续幸福地生活在一起，哪些夫妻最终会分开，就必须与这些夫妻保持多年的联系，这是一项没有捷径可走的工作。

在婚姻实验室

周四晚上六点半，菲尔·汤普森（化名）和黛安·汤普森（化名）

来到了我们位于华盛顿大学西雅图校园的实验室。他们走过实验室所在办公楼的一条空闲走廊后，似乎对眼前的情景很惊讶：他们看到的是一套布置舒适的单间公寓，配有隐藏式床、厨房设施，并且能够欣赏到连接波蒂奇湾和华盛顿湖的运河的景色。进入房间后，能证明汤普森夫妻没有逃到西北部某个舒适的度假胜地的线索就只有天花板角落里的三台遥控摄像机。正是在这里，我们对那些想要了解婚姻核心要素的夫妻进行了观察。

在与两名研究助理简单熟悉之后，汤普森夫妻填写了一份表格，描述他们在经常困扰夫妻关系的话题（如金钱、姻亲、性和宗教等问题）上的分歧程度。这对夫妻已经习惯了回答这种试探性的问题：作为志愿研究参与者，他们已经做了几份有关其婚姻状况的调查问卷，并参与了访谈。如果他们继续参与我们的研究，就会不时接到询问他们的关系状况的电话，并收到问卷。这就是我们多年来跟进夫妻关系进展的方式。

汤普森夫妻填完表格后，就被带到隔壁的房间，面对面坐在椅子上。周围摆放着一系列专门设计制造的电子设备，用于记录他们互动时的生理和心理信息。每把椅子下面都有一个移动平台，可以测量他们在互动过程中的身体摆动幅度。两台摄像机悬挂在他们上方，记录他们腰部以上的明显动作。

菲尔开玩笑说："这感觉就像坐电椅。"这时，一名研究助理将一根带子绑在他的胸前，用来测量他的呼吸深度。

"或者是测谎仪。"黛安沉思道。事实上，她说对了。各种电子设备开始记录夫妻对不同心理刺激的神经系统反应，类似测谎仪测试。研究人员在他们的胸口放置了电极，以跟踪心率的变化；在他们的手指上绑上设备，以监测脉搏和因压力而出汗的程度；将传感器夹在他们的耳垂上，以显示血液从心脏流向四肢的速度；最后，将麦克风挂在他们的衣服上，记录他们发出的每个声音。

在所有设备准备就绪后，一名研究助理与菲尔和黛安一起查看了问卷，帮助他们决定在十五分钟内讨论哪个"分歧领域"。（在我们的一些研究中，夫妻分开至少八个小时后，会先简单地讨论当天发生的事情）。根据菲尔和黛安的回答，性爱是他们关系中一个值得探讨的问题，因为菲尔比黛安更渴望频繁的性爱。

确定话题后，工作人员就去了隔壁一间堆满电脑设备和视频监视器的房间里。按照指示，这对夫妻先静坐五分钟，其间研究人员收集基线数据。然后，附近显示面板上的指示灯闪烁了一下，示意这对夫妻开始交谈。

他们首先谈论了各自的原生家庭。他们一致认为，他们的原生家庭在表达感情方面都不是很好的典范。接着，话题转到了他们的初恋期。他们回忆起最初几个月的兴奋，以及这种激情是如何消退的。很快，黛安就开始抱怨菲尔的工作，觉得他的工作似乎把他吞噬了。她表示，如果菲尔能在卧室外表达更多的感情，也许她会更加向往性爱。菲尔沉默了片刻，然后提起了他们的孩子。"如果你不让杰森每晚熬到十一点才睡觉，情况可能会好些。"黛安承认杰森造成了障碍，然后她建议他去买一些关于性爱的书。菲尔苦笑着说："我们以前就讨论过这些问题。"他叹了口气。

十五分钟后，面板上的灯光逐渐变暗并熄灭，一名研究助理出现。她架起一个屏幕，这样这对夫妻就看不到对方了。她将他们的注意力引向一个视频监视器，在那里他们可以看到刚才对话的分屏录像。菲尔和黛安将录像看了两遍，各自的手里握着一个标记着"积极"到"中性"再到"消极"的能一百八十度旋转的转盘。看第一遍，他们评价自己在对话时的感受——当时的感受是积极的还是消极的？程度如何？看第二遍，他们用转盘来猜测对方每分钟的感受。这个环节评估了夫妻俩"读懂"彼此情绪的准确程度。

随后，受过专门训练的心理学家将观看同一盘录像带，分析其中的言语、面部表情和手势所蕴含的情感内容。这些心理学家将使用一个刻度盘，上面设置了从"厌恶""蔑视""好战"到"认可""喜爱"和"喜悦"等不同的选项。他们将对每一个瞬间的对话进行编码，为每一个细微差别分配一个标签。如果心理学家看到黛安在菲尔提到她对杰森的纵容时嘴唇紧抿，他们会记录下她的愤怒以及愤怒持续的时间；如果菲尔在妻子说希望他减少工作时间时深深地叹了口气，记录中就会显示出他的悲伤。如果双方中的任何一方缄默不语，无法或不愿回应对方所说的话，记录中也会显示出这种沉默。

将这些记录数据与夫妻双方的生理反应数据以及他们在各种问卷和访谈中的回答相关联，就会产生一座关于夫妻互动的信息金矿。结合我们在过去二十多年中从其他数百对夫妻那里收集到的大量数据，菲尔和黛安的简单对话为我们理解婚姻中隐藏的情感动态提供了重要线索。正是通过分析这大量的数据，我提炼出一个科学模型，它展示了推动婚姻继续或破裂的无形力量。我想与你分享这个模型，以帮助你了解这些力量如何在你自己的婚姻中发挥作用。

研究

一九八〇年，我在印第安纳大学首次改进了用于测量菲尔和黛安互动的方法。当时，我与专注于测量社交情境中生理反应的科学家罗伯特·W.利文森进行了合作。通过研究三十对已婚夫妻的互动，利文森和我首次证明了婚姻满意度与伴侣之间的生理反应有关。这些实验在另一个方面也具有重要意义：它们向我们表明，尽管有摄像机、电极和麦克风的干扰，夫妻仍然能自然地相处。虽然这听起来很不可思议，但一旦这些夫妻来到我们的实验室，经过我们助手的安抚，电线、传感器和摄像机似乎都退居幕后。他们的互动展现了已婚夫妻在"现实生活"中交谈时所表现出的全部真实情感。

我们确信我们的方法和研究结果都是有效的，因此我们启动了一项长期研究，以了解婚姻如何随着时间的推移发生变化。我们探索这些问题：是否有可能找出导致离婚的某些行为因素或其他因素？这些因素是什么？把这些因素确定下来后，我们能否用它们来预测哪些夫妻会继续携手同行，哪些夫妻会分道扬镳？在一九八三年，七十九对不同年龄的夫妻来到我们的观察实验室，帮助我们找到答案。在一九八七年，我们对他们进行了回访，发现我们在一九八三年收集的信息与四年后这些夫妻的婚姻状况存在关联。通过进一步的分析，我们详细了解了婚姻破裂的过程。这些发现与我在一九八六年于伊利诺伊大学进行类似研究时得出的结果一致，那次研究涉及五十六对夫妻。我们仍在与参与这两项研究的夫妻保持定期联系，了解他们关系的最新状况，因此这两项研究仍在持续取得成果。

同时，我们正在进行两项新的研究：其中之一是对一百三十对新婚夫妻进行至少五年的跟踪调查，以了解孩子的到来对夫妻关系的影响；另一个研究项目与加州大学伯克利分校的罗伯特·利文森和斯坦福大学的劳拉·卡斯滕森合作开展，该研究涉及一百六十对没有离婚经历的夫妻。其中有的夫妻四十多岁，平均结婚时间为二十年；有的六十多岁，平均结婚时间为四十年。我们的目标是更深入地了解人们如何成功地处理长期的亲密关系。例如，我们正在仔细研究夫妻在争吵中放下防御心态，使他们的对话回到更有成效的轨道上的能力。

这一切与你的婚姻有什么关系呢？通过这些不断增加的研究项目，我学到了许多知识，这些知识也许能帮助你改善自己的婚姻。你无须像实验室中的夫妻那样给自己接上电线或录下你们的争吵，就能从这些见解中受益。这本书将与你分享我多年来学到的精华，并提供一些实用的方法，帮助你将我们的研究成果应用于你自己的亲密关系中。

冲突：幸福的关键？

如果说我从多年的研究中学到了什么经验的话，那就是持久的婚姻取决于夫妻双方解决任何亲密关系中都不可避免的冲突的能力。

许多夫妻认为很少爆发冲突等于幸福，并相信"我们从不吵架"是婚姻健康的标志。但我相信，我们是在调和分歧中成长的。这样我们才能成为更有爱的人，才能真正享受婚姻生活的美好。

但除了知道如何好好吵架之外，我们还有很多东西需要了解。并非所有关系稳定的夫妻都以同样的方式解决冲突，也不是所有的夫妻都通过"解决"冲突来表达同样的意思。事实上，我发现，在健康的婚姻中，存在三种不同的解决问题的方式：在确认型婚姻中，夫妻双方常常在出现问题时做出让步，冷静地解决问题，以达到双方都满意的结果；在回避型婚姻中，夫妻双方同意各自保留不同意见，很少直面分歧；最后，在多变型婚姻中，两口子经常爆发冲突，导致激烈的争吵。

以前，许多心理学家可能认为回避型和多变型的婚姻是病态的。但我们目前的研究表明，三种类型的婚姻同样稳定，对婚姻的未来也同样有利。在第二章中，我将详细介绍这三种类型，并帮助你确定哪一种类型最接近你目前拥有或希望拥有的婚姻。

当然，仅仅遵循其中的一种类型并不能保证婚姻幸福。它们能发挥多大作用，取决于它们是否能使你和伴侣的积极和消极互动达到适当平衡。令人惊讶的是，我们发现这一切都可以归结为一个简单的数学公式：无论你的婚姻遵循哪种类型，如果想要保持稳定，你们在一起的积极时刻必须至少是消极时刻的五倍。

如果你和伴侣未能达成稳定的平衡，也就是当这种平衡或"婚姻生态"被打破时，你们就会感到沮丧、不安，或者陷入僵局，面临越来越多的争执。这些迹象表明你们还未能找到适合双方的稳定婚姻的方式。

在第三章和第四章中，我将描述那些无法找到婚姻稳定类型平衡点的夫妻关系开始走下坡路的过程。在第五章中，我将探讨男性和女性在情绪处理方面的巨大差异，以及这些差异如何助长婚姻恶化的程度。消极情绪的积累会带来越来越严重的后果。当笑声和认可消失不见、批评和痛苦不断增多时，婚姻就开始走下坡路了。你们试图抚平彼此受伤的情绪，让沟通回归正轨，但这些努力似乎毫无用处。因为压力会使身体产生反应，于是夫妻们沉浸在敌对和其他负面的情绪中，难以理性思考、冷静应对。很快，我称之为"末日四骑士"的破坏性互动就在婚姻关系中占据了上风。这"四骑士"是批评、蔑视、防御和设阻。在第六章中，我将帮助你回顾你对自己婚姻的分析结果，看看这些破坏性力量如何开始侵蚀你的婚姻。

下一次，当你的伴侣侮辱你的妹妹、重新调节恒温器、把你最喜欢的衬衫洗缩水或做出其他疯狂举动时，解决方法仅仅是和颜悦色吗？显然不是。但是你可以采取一些具体的步骤来建设性地解决冲突，并且加强你们婚姻生活中积极的一面。如果你经常遵循这些步骤来做，你的婚姻关系就能够抵御可能导致离婚的各种因素。

本书的后半部分将详细介绍这些步骤，其中包括一些沟通技巧。在二十世纪七十年代末，我在印第安纳大学进行的夫妻治疗研究中，证明这些技巧有助于稳定婚姻。多名研究人员，如丹佛大学的心理学家霍华德·马克曼（曾为该校的学生）和华盛顿大学的尼尔·雅各布森，都证实了我的早期研究成果：学习这些步骤可以对抗可能导致婚姻破裂的破坏性战术。有一些夫妻已经掌握了这些重要技巧，尤其学习了如何在不加剧冲突的情况下解决分歧,由此收获了越来越稳固的婚姻。

我诊断婚姻问题的方法以及相应的建议,都来自从数百对夫妻那里收集的科学数据。这些数据展示了目前关于成功和失败婚姻中夫妻互动方式的最完整信息。

如果你想采取本书所提供的步骤来改善你的婚姻关系,请记住这些步骤并非一劳永逸的解决方案。为了让这些步骤发挥作用,你需要保持警惕,做出承诺,甚至需要改变你对自己、伴侣和你们之间关系的看法。你还可能需要改变你的倾听方式,以及对伴侣的反应方式。最重要的是,你需要努力熟悉这些新的、更有效的习惯,这样在你最需要它们时,也就是在你的婚姻关系经历困难和紧张时,你可以自然而然地做出新的反应。为了达到这个目的,你需要全面了解你目前的婚姻状况。因此,本书内容还包括了一些测试,帮助你评估你喜欢什么样的婚姻,以及你目前的婚姻关系有哪些特点。这些测试不是为了预测你们是否会离婚,而是为了帮助你确定问题所在,以明确你需要尝试的"解药"。在本书的后半部分,我们将为你提供一些针对具体问题的补救措施,你可以根据自己的情况进行调整,从而巩固自己的婚姻关系。

婚姻关系是一种极其复杂的关系,没有任何一种测试能百分之百准确地预测婚姻的存续或破裂。只有你和你的伴侣才知道走入婚姻所做出的牺牲和得到的回报,也只有你们才能决定婚姻的未来。我希望这本书能帮助你做出明智的选择,识别并改变那些值得注意的情感动态,因为如果任其发展,它们就会破坏你的婚姻。

第二章

婚姻类型:好的、坏的、多变的

全美无数观众仍会在深夜时分收看重播的《蜜月期》，观看拉尔夫和爱丽丝的对决。他毫不留情的攻击和她自作聪明的回击让几代美国人捧腹大笑。这对夫妻的起居室位于布鲁克林，装饰简单，但是里面却常发生爆炸性事件，这让我们很多人觉得既可爱又有趣。

你可能认识一对像克拉姆登夫妻这样的两口子。这对嗓门高分贝的二人组经常用震耳欲聋的讨论来"取悦"他们不幸的邻居，讨论是购买罐装小块金枪鱼还是罐装大块金枪鱼，或者在药柜上方安装六十瓦还是七十五瓦的灯泡。多年来，婚姻咨询师一直试图引导夫妻避免这种争吵，因为他们深信这种吵吵闹闹会毒害婚姻。

当然，很少有人会向往剑拔弩张、争吵不断的婚姻，令人惊讶的是：有些夫妻的争吵就像《蜜月期》里的一样震耳欲聋，但他们却拥有长久、幸福的婚姻。如果你在我开始研究之前向我提出这种说法，我会觉得难以置信。但是，经过多年来对各种已婚夫妻的跟踪调查，我发现我们无法简单地找到影响婚姻成败的因素。我们对婚姻稳定性的一些传统看法可能是错误的。为了让你深刻体会这一点，我将会分享我研究的三对新婚夫妻的案例。请试着预测一下其中的哪一对在四年后仍然婚姻幸福。

第一对夫妻

伯特·奥利弗和贝蒂·奥利弗都是三十岁，他们在朋友的婚礼上相识。他们经历了长达一年的异地恋，其间通过"煲电话粥"和乘飞机往返保持联系。最终，贝蒂从辛辛那提搬到了伯特所在的芝加哥，六个月后他们结婚了。伯特是一家印刷厂的经理，工作时间长且强度大，这给他们的婚姻带来了一定的压力。他们都说自己的父母关系不亲密，也不擅长沟通。因此，伯特和贝蒂决心从父母的错误中吸取教训，将沟通作为维系他们关系的首要任务。虽然偶尔也会发生口角，但他们通常能够在情绪爆发之前解决分歧。他们不会大声争吵，而是通过"会议"的形式处理分歧，双方都有机会表达自己的观点，并尽量理解对方的观点。通常情况下，他们能够达成共识。这对夫妻在第一次接受采访时结婚才两年。贝蒂对自己能够找到这样一个百里挑一的伴侣感到高兴。"他是一个真正的好男人。"伯特也觉得自己很幸运，因为像贝蒂这样可爱的人对他感兴趣。

第二对夫妻

四十岁的麦克斯·康奈尔和二十五岁的安妮塔·加洛在接受采

访时已经结婚两年左右。麦克斯是一名木匠，在工作中认识了安妮塔——他当时正在安妮塔当保姆的家里做修理工作。一开始，麦克斯担心安妮塔会认为他太老，但她说他的年龄反而是最初吸引她的因素之一。最初引起麦克斯注意的则是安妮塔的表达力——无论她有什么感觉，她都会让他知道。安妮塔解释说："如果有一件事情让我感到困扰，而我置之不理，只要过上两天，就会有情绪大爆发。我必须采取相反的措施，就是马上处理它。"麦克斯和安妮塔都承认，他们的争吵次数比其他夫妻要多得多。他们交往的特征是争吵不断，以致有两次差点取消婚礼。即使在结婚后，他们也常常打断对方的话，捍卫自己的观点，而不是倾听伴侣的意见。但最终，他们总能够达成某种协议。尽管他们经常关系紧张，但他们似乎很喜欢对方。他们在一起大笑、开玩笑和亲热的时间远远多于争吵的时间。他们都认为激情和独立是他们共同生活的关键因素。他们承认他们也有他们的问题，但就像伯特和贝蒂一样，他们认为自己的婚姻是幸福的。

第三对夫妻

内尔森夫妻——二十九岁的乔和二十七岁的希拉，看起来就像一对相称的书挡。他们都在圣路易斯郊区长大，上的是私立学校，都热衷于骑马，认为去教堂是他们生活的重心。他们说，他们对大多数事情的看法都一致，从一开始就感到"瞬间的舒适"。内尔森夫妻经常各自独处——乔在位于地下的工作室工作，希拉则专注地在缝纫室里绣制十字绣。尽管如此，他们依然享受彼此的陪伴，很少吵架。希拉解释说："并不是说我们总是意见一致，但我们不喜欢争吵。"当关系紧张时,他们都认为独自在当地的乡村俱乐部慢跑可以缓和气氛,他们不会通过明确表达或争吵来解决问题。当被问及两人关系紧张的主要原因时,他们列出了一份简短的清单,内容都是一些相对琐碎的问题,比如希拉会迟到,或者乔不太愿意在周末观看红雀队的比赛时做家务。希拉还顺便提到,乔想要的性生活次数比她多得多,而这个问题一直没有得到解决。他们知道,在某些人的婚姻中,夫妻因为差异性互相吸引。"我们有朋友就是那样的,那确实行得通。"希拉说。"但那不适合我们。"乔补充道。

如果你猜测第一对夫妻贝蒂和伯特四年后仍然婚姻幸福,那么你猜对了。如果你猜第二对夫妻安妮塔和麦克斯,或者第三对夫妻内尔森夫妻也是如此,那么你也猜对了。如果你认为只有伯特和贝蒂能婚姻幸福,那么你可能是一位临床心理学家,或者读过很多关于婚姻成功之道的书籍和文章。长期以来,像贝蒂和伯特这样强调沟通和妥协的婚姻一直被奉为理想婚姻。然而,在多年来追踪了众多夫妻的命运之后,我不得不摒弃"成功的婚姻只有一种类型"的观点。相反,我认为,随着时间的推移,婚姻会变成五种不同类型中的一种。虽然其中两种确实会走向破裂,但还有三种类型迥异的婚姻相当稳定。伯特和贝蒂、安妮塔和麦克斯、乔和希拉就分别是这三种成功婚姻类型的例子。换句话说,每一对夫妻的婚姻都代表了一种特定的婚姻类型,我们在研究中将这三种婚姻类型与长期的稳定和幸福联系在一起。婚姻类型越接近这三种类型中的一种,其永久维系的机会似乎就越大。

我们辨别夫妻婚姻类型的一个重要方法是看他们如何吵架。虽然还有其他比较明显的表现，但争吵的激烈程度似乎能够揭示婚姻的真实面目。为了对婚姻进行分类，我们会观察夫妻吵架的频率、他们在吵架时的面部表情和生理反应（如脉率和出汗量），以及他们彼此之间说话的方式和语气。根据这些观察结果，我们将稳定婚姻分为三种类型：确认型、多变型和回避型。如果你想知道哪种类型最适合你，请进行第50页的自我测试。

贝蒂和伯特：确认型

伯特和贝蒂的婚姻很接近婚姻咨询师眼中的理想状态，这是有充分理由的：他们都是沟通高手。即使在讨论令人情绪激动的话题时，他们也能表现得从容不迫。最重要的是，他们能够敏锐地倾听和理解对方的观点和情绪。这就是为什么我称贝蒂和伯特这样的夫妻为"确认者"：在意见不一致的时候，他们仍然会让对方知道，他（她）觉得对方的观点和情绪是合理的，即使他们并不同意及理解这些观点和情绪。例如，下面是贝蒂向伯特提出他们存在的问题时发生的情况。

贝蒂：有一件事让我很苦恼，我们好像从来没有在周末做过什么事。我们已经很久没有和朋友聚聚了，或者只是去看场电影什么的。

伯特：你希望我们能更频繁地出去。

贝蒂：是啊，到了周末我就急得想翻墙。我只想出去好好玩玩。但周五晚上你回到家会很累，只想看电视，然后睡觉。

伯特：嗯嗯。

贝蒂：周六和周日，你会把时间都花在一些零碎事情上，然后你就不想出去了。

伯特：嗯，你知道，对我来说……我每天都在工厂，工作时间很长，回到家我只想在家待着！

贝蒂：是啊，忙了这么久你终于到家了！

伯特：对，我只想没有要求，没有压力，只是去小逛下。

贝蒂：我明白了。

当贝蒂第一次抱怨，提出她想多出去走走时，伯特可以有多种方式进行回应。他本可以对她的抱怨嗤之以鼻，否认存在问题，发脾气，或者立即跳出来发表自己的意见。但相反，他倾听了她的观点，甚至向她复述他所听到的内容。当确认夫妻之间的分歧时，你会听到"嗯嗯"和"我明白了"的回应。通常情况下，倾听者也会模仿倾诉者充满担忧和痛苦的面部表情。但这种回应并不一定意味着赞同。相反，倾听者会说："好吧，请继续。我很感兴趣，想听听你的感受。我可能对这个问题有自己的看法，但我想听听你的看法。"贝蒂给了伯特同样的反应。她说完了自己的观点后，会在他提出自己看法的时候支持他——伯特只是太累了，所以不想出去。

这种相互尊重的表达方式往往会减少夫妻争吵的次数。我们发现，确认型夫妻会谨慎地开始自己的战斗。这些争吵最终听起来更像是解决问题的讨论，而不是充满敌意的叫嚣。

尽管并非每个确认者都遵循类似的"剧本"，但这些夫妻在争吵时，无论话题是什么，都会表现出一种特定的模式。这种模式正是确认型夫妻的特征之一。通常，他们会像贝蒂和伯特那样，先倾听对方的意见。一旦他们都觉得自己已经充分表达了观点，就会进入第二阶段：试图说服对方自己的观点是正确的。

贝蒂：我们两个一起出去吃顿丰盛的晚餐，怎么样？或者看场电影？这会很放松。你以前也这么认为。

伯特：我只是不喜欢了，也许是因为我压力太大了，最放松的就是……

贝蒂：放松。

伯特：是的。你不觉得吗？

贝蒂（笑起来）：当然了！

尽管他们的看法仍然不一致，但他们在试图说服对方时充满善意。他们不会刁难对方，也不会坚持只有自己的观点才是正确的。

最后，在第三阶段，他们会协商达成一个双方都喜欢或至少可以接受的妥协方案。

伯特：好吧，你有什么建议？

贝蒂：我觉得我们应该偶尔出去走走，但我又不好意思问你，因为你看起来很累。而且如果我说了什么，你又会生气。

伯特：是啊，你知道，我总是担心你会扑到我身上。如果我带着灿烂的笑容进门，你会以为我已经准备好去参加派对了，然后我们就要每天晚上都出去。

贝蒂：所以你觉得如果你不表现得很累，我就会不断地催促你出去？

伯特：是的，我想是的。

贝蒂：但我不需要每个周末都出去。只是现在我们根本不出去！

伯特：好吧，你同意我们每个月出去的次数不超过四次吗？

贝蒂：我现在会同意。

伯特：好的。

贝蒂：然后我们肯定会出去四次？

伯特：没错，只要你愿意。

贝蒂：一言为定。

为了以一种双方都满意的方式解决问题，伯特和贝蒂找到了矛盾的根本原因：伯特担心，如果他不强调自己有多累来抵御贝蒂的要求，他们外出的次数就会远远超过他所能接受的范围。于是，他表现得非常疲惫，导致他们根本没有外出。虽然这种心理洞察并不总是确认型夫妻解决冲突的一种方式，但是很常见。

在研究确认型夫妻时，我们发现他们除了遵循"确认—说服—妥协"的顺序，还往往表现出其他特征。威斯康星大学的玛丽·安妮·菲茨帕特里克研究了与确认者非常相似的夫妻，她发现，在这些夫妻的婚姻中，存在相当多的性别角色刻板印象。换句话说，夫妻双方都有各自的职权范围。妻子通常负责照顾家庭，而丈夫通常是最终的决策者。丈夫会认为自己善于分析、占主导地位，充满自信；妻子则认为自己有教养、温和、善于表达。确认型夫妻似乎是一对好朋友。他们重视"我们"，而不是"我"的目标和价值观。他们经常接着对方的话往下说。在婚姻关系中，他们高度重视的品质包括：沟通，言语坦诚，相亲相爱，表达爱意，分享彼此的时间，有共同的活动和兴趣。在家中，他们很少有禁区，也不需要太多的隐私空间。

当然，确认型夫妻并不一定拥有天作之合的婚姻，即使是幸福的夫妻关系也会遇到一些问题。我认为确认型夫妻的风险在于他们可能会把婚姻变成一种缺乏激情的安排，他们会为了友情和共处而牺牲浪漫和自我。在这种情况下，他们最终可能会为了保持牢固的联系而选择放弃个人发展。我注意到，当这些夫妻发生争执时，话题通常与平衡个人需求和两人的共同需求相关。例如，丈夫可能希望花更多的时间从事绘画和表演，但妻子担心他的创作追求会占用他与她以及孩子相处的时间。在另一个例子中，如果妻子晚上与丈夫不喜欢的朋友出去玩，她就会感到内疚，即使丈夫向她保证自己不会介意，她仍然难以相信。

尽管如此，确认型婚姻也很可能是一种稳固的婚姻。毕竟，如果双方都感受到对方充满共情地倾听自己的不满,那么妥协就会变得更加容易。

麦克斯和安妮塔:多变型

安妮塔:我觉得我们谈论的每件事,几乎在我们关系中的方方面面,我们都是在竞争。就像如果我说我度过了艰难的一天,你就说你度过了更糟糕的一天。

麦克斯:不,我没有这样做。

安妮塔:是的,你在每件事上都会这样做。我说我腿疼,你就说你膝盖和手肘疼。

麦克斯:好吧,我想说的是我能体会到你的疼痛,因为我自己现在也感到有些疼。

安妮塔:你这么说不是为了超过我吗?

麦克斯:不是的。

安妮塔:因为这就像我说"噢,我今天很辛苦",而你却说"那你应该做我的工作,你永远没办法处理我每天所做的事情",我觉得这不是同情。

麦克斯:当你说你那天很辛苦时,我可没这么说。

安妮塔:你说了。

很显然,安妮塔和麦克斯采取了与伯特和贝蒂不同的争吵方式。

如果你是他们家墙上的一只苍蝇，你会听到很多类似可口可乐爱好者与百事可乐爱好者掐架时的争吵：谁的厨艺更好？从纽约到波士顿的车程是四个小时还是五个小时？谁的妈妈更爱窥探隐私？他们争吵的内容微不足道，很难想象像伯特和贝蒂这样的夫妻会把时间浪费在这些细枝末节上。麦克斯和安妮塔似乎就喜欢小打小闹，但这样的人生活在一起似乎也很幸福，这是怎么回事呢？并不是每一对经常吵架的夫妻都能拥有稳定的婚姻，但我们称那些经常吵架的夫妻为"多变型夫妻"。他们会大吵一架，但也需要更长的时间来和解。在多变型的婚姻中，两个人都不会在对话时不参与或退缩。这种关系的特点是双方在讨论时都非常投入。

从上面的对话可以看出，像麦克斯和安妮塔这样的多变型夫妻在激烈的争论中没有兴趣听取对方的观点——注意，他们会进行很激烈的争论！本质上，多变型夫妻只是跳过了确认型夫妻讨论一个微妙问题的第一阶段：他们不会尝试去理解伴侣并对其报以同情。相反，他们直接跳到试图说服对方的第二阶段。虽然确认型夫妻通常很少花时间在说服对方上，但多变型夫妻认为获胜才是最重要的。因此，安妮塔和麦克斯的讨论中充满了"是的，你在每件事上都会这样做"和"不，我没有这样做"的对抗，而不是"嗯嗯"和"我明白了"。

以下是我们研究的另一对多变型夫妻"讨论"他们在财务问题上的分歧时的对话：

瑞贝卡：我担心我们存的钱不够，我们似乎只能勉强糊口。

  约翰：我不同意，我们在财务上没有问题，你错了。

  瑞贝卡：不，你错了，如果我们有一些积蓄，我会更有安全感。

  为了进行对比，让我重构一下上述对话，展示确认型夫妻可能会如何讨论同样的问题：

  妻子：我担心我们存的钱不够。我们似乎只能勉强糊口。

  丈夫：嗯嗯。所以你想存更多的钱。嗯……我不认为我们在财务上有问题。

  妻子：我明白了。

  丈夫：我认为你对我们的财务状况的看法是错误的。

  妻子：嗯嗯。我只是觉得如果我们有一些积蓄，我就会更有安全感。

  丈夫：我明白了。

  我相信你能看出其中的差别。像约翰和瑞贝卡或麦克斯和安妮塔那样的争吵看起来似乎是通往婚姻灾难的必经之路，但我的研究发现并非如此。事实证明，这些夫妻火山爆发般的争吵只是他们温馨恩爱婚姻生活的一小部分。他们吵架时的激情和振振有词似乎更加促进了他们的积极互动。与确认型夫妻相比，他们虽然表达更多的愤怒，但是他们的生活充满欢声笑语，关系也更加亲昵。他们会表达更多的消极情绪，也会表达更多的积极情绪。这些夫妻当然不认为和好很难——他们是和好高手。尽管他们的战斗可能很激烈，但他们的美好时光充满浓情蜜意。

尽管有尖锐的争吵，但多变型夫妻还是能够进入第三阶段：解决他们的分歧。例如，麦克斯和安妮塔能够应对他们上面讨论过的婚姻中的问题——安妮塔认为麦克斯总是试图超越她，而不是同情她。麦克斯说，他认为安妮塔误解了他的反应——他是在支持她，但她没有听出来。她说他有责任以一种她能理解的方式表达自己的想法。他否认了这完全是他的责任的说法。

麦克斯：嗯，我不认为我应该为我们是否相处融洽承担所有责任。

安妮塔：不然还能怎样呢？

麦克斯：如果我说的话让你感到困扰，在你有情绪之前，你就应该对我说"这真的是你说的吗"。

安妮塔：但我对你说的话会自动产生情绪反应！

麦克斯（笑）：但你通常是对我没说过的话产生情绪反应。有时候，你把我说的话理解成你爸爸会说的话，所以你就会有一种拍案而起的反应，而这种反应与我实际说的话并不相符。

安妮塔：所以你认为我应该向你重复你所说的话。

麦克斯：嗯，并不总是如此。但是当你重复一遍时，如果我告诉你那不是我的意思，我希望你相信我。

安妮塔：好。

麦克斯：这就是我想要的。

安妮塔：好。

麦克斯：我认为这就是大多数时候我面临的问题。

安妮塔：你觉得我不相信你？

麦克斯：你只是……是的，停留在你有偏见的、充满误解的反应上。

安妮塔：好吧。

就像确认型夫妻往往具有某些相同品质一样，多变型夫妻也具有一些相同的心理特征。相较于其他类型的夫妻，他们更注重双方的平等。他们独立自主，认为婚姻应该强调和加强个人的特质。确认型夫妻会接着对方的话说下去，而多变型夫妻更有可能用问题打断对方。在家庭中，他们通常具有独立的个人空间，并且相互尊重彼此的隐私。他们都认为自己擅长分析问题。他认为自己很有修养，而她善于表达。他们从不藏着掖着对伴侣的感受，无论是积极的还是消极的。他们轻易地表露内心的想法和情感，这既激发了他们的争斗，也增加了他们之间的浪漫氛围。这种婚姻往往充满激情和刺激，就像在婚姻关系中引入了一些危险的元素一样。

比起确认型婚姻，多变型婚姻也许还有很多潜在的陷阱。如果夫妻双方失去了边界感，他们就会从多变型婚姻的稳定状态滑向更有可能破坏他们关系的婚姻形态。这种关系中的风险是：他们的争吵不休会消耗婚姻，淹没他们在一起的快乐时光。如果出现这种情况,在极端的境况下甚至有可能发生暴力。当然,这时我们就不再认为他们的婚姻属于多变型,而是认为其属于极不稳定型。

多变型的夫妻似乎很喜欢戏谑对方,但这种幽默也是有风险的。有时,开玩笑会击中对方的软肋,无意中导致其感情受伤。

此外,由于多变型夫妻常常坚信在婚姻中诚实对所有事情都非常重要,因此他们说话时往往不假思索。他们不计代价地坚持真实,这或许会带来兴奋和勇气,但也可能引发恐惧,因为这可能会造成伤害。我们不难看出,有些伤害难以愈合,它们产生的后果可能会影响双方维持婚姻的积极性。我们录下了一对多变型夫妻——汤姆和朱迪的一次交流,他们展示了这种开放和自我表露的倾向会把关系推向多么危险的边缘。在讨论他们的性关系时,朱迪突然坦白:"有时我想我可以和一个完全陌生的人发生性关系……而且没有任何附加条件。那会很有趣。如果我因为某些事情就对你有点生气的话,还有很多其他的事情会妨碍我们。"

这让身为教授的汤姆回忆起他们结婚之初,他曾花时间在校园里"欣赏"从他身边走过的女人的牛仔裤是否合体。他告诉朱迪:"我记得有一段时间我一想去欣赏牛仔裤,我们就会吵架或面临其他问题,然后我们中的一个人就会说'如果你要这样的话,那我们就得分开'之类的话。"

突然,在他们坦白时,夫妻俩发现他们正在讨论分开的问题。现在,汤姆说,鉴于妻子的坦白,他会再次"考虑这种可能性",但他说:"我不喜欢这种感觉。"

朱迪也同意："噢，自由听起来不错，但还有其他方面太让人不安了。"虽然他们通过这些总结性的评论重申了他们对彼此的承诺，但他们在肯定要继续过下去时，还带有一种试探性——这是坦白过头的结果。讨论结束时，他们表现出了刚坐下时所没有的不安。

对像汤姆和朱迪这样的多变型夫妻来说，他们的目标是在激情的狂风中保持稳定。考虑到这对夫妻经常让他们自己置身于风暴中，他们需要做出一种相当努力的平衡之举。但只要他们坚定不移，我相信他们有可能享受多年的幸福和强烈的激情。

乔和希拉：回避型

看完多变型婚姻，再去看回避型婚姻，就像从肆虐的飓风中来到夏日平静的湖面。在这种类型的婚姻中，丈夫和妻子之间似乎不会发生太多事情。对他们更准确的一个称呼可能是"大事化小者"，因为他们倾向于淡化分歧而不是解决分歧。像乔和希拉一样，这些夫妻会声称他们有分歧，但当你真正探索他们所说的冲突意味着什么时，你会意识到他们在合谋回避。我们已经看到，确认型夫妻在试图说服对方之前会先倾听对方的观点，多变型夫妻则会直接跳出来，表达自己的观点。但是，当回避型夫妻说出他们的分歧时，分歧却很少能得到解决。当你与这些夫妻谈论他们的婚姻时，他们通常会反复提到一个词：求同存异。这是他们结束摩擦的方式。这通常意味着回避讨论，因为他们知道讨论会导致僵局。

想想希拉和乔吧。在我看来,他们的主要矛盾在婚姻中相当常见,而且可能具有灾难性影响。问题出在性生活频率上,他渴望更加频繁的性生活,而她则不太喜欢。她说她之所以不愿意,是因为他在其他时候很少对她表达亲昵感。他也认为这是一个问题,并将其归咎于工作压力。随着时间的推移,她的反应是在他们进行性行为时变得冷淡。可以想象这种程度的冲突会对婚姻造成多么严重的后果。然而,从他们的谈话中可以明显看出,希拉和乔认为这个问题"已经解决"了。

采访者:你们各自感觉如何?舒服吗?感到沮丧吗?

乔:不,从某些方面来说,这更多的是意识形态上的争论,而不是情感上或身体上感到沮丧或不舒服。

希拉:我想我已经对这事感到心安理得了。我很确定这一点对我们来说不会有什么变化……有时我认为我们没有谈论我们可能应该谈论的事情,或者如果我们谈谈那些话题的话会更好。

乔:嗯,你知道,我们都不是来自有很多身体接触的家庭。

希拉:在我家里,我们这些孩子总是和我妈妈有身体接触。

乔:好吧,我们从不这样。

希拉:我不知道,这并未对我造成困扰。我的意思是,人们大肆宣扬性爱、性生活和谐等,但我认为从长远来看,我们在其他方面的契合可能更重要。

乔：是的。

希拉：如果我们的性生活很美好，但在其他事情上都存在分歧，我们可能就会考虑离婚了。

虽然乔和希拉在身体接触的频率上显然存在分歧，但他们都没有试图说服对方。他们也没有妥协。他们只是共同得出结论，认为这个冲突并不是什么大不了的事，不需要进行协商解决。每个人都陈述了自己的理由，就这样结束了对话。他们认为，他们的相同点和共同的价值观压倒了分歧，使冲突变得微不足道。

从某种意义上说，像乔和希拉这样的对话是僵局。他们达成了一些共识，但没有探究他们之间差异的确切情感本质。在这种关系中，解决问题通常意味着忽略分歧，一方同意表现得更像另一方，或者最常见的情况是顺其自然。然而，如果你问这些夫妻是否争吵过，很多人都会不假思索地说"有过"。从某种意义上说，他们的回答是正确的：他们的确会说出他们的冲突，但他们尽量少地去说服对方。他们通过回避或将问题最小化来解决问题。

回避型夫妻通常会参照他们的基本婚姻哲学来规避冲突，而不是解决问题。他们会重新强调他们在婚姻中所热爱和珍视的事物，强调积极的方面，并接受其他方面的问题。通过这种方式，即使在没有找到解决方案的讨论结束时，他们仍然能够保持彼此间的良好感觉。

传统观念认为，婚姻的稳定与巧妙地"把问题说出来"息息相关。然而，回避型婚姻这种成功的类型却与传统观念背道而驰。由此看来，即使夫妻双方无法解决争端，婚姻也能维持下去。与确认型形成鲜明对比的是，回避型会带来一种与之不同的"我们"感——这种夫妻似乎知道他们的关系牢不可破，因此可以忽略他们的分歧。然而，这种婚姻中的陪伴和分享程度却很低。夫妻二人重视独立性，并在空间的使用问题上保持自主权。这些夫妻往往过着平静而愉快的生活。虽然他们很少表现出多变型夫妻那样的强烈激情，甚至还不如确认型夫妻热情，但他们很少像其他两种类型的夫妻那样面临婚姻风险的考验。

然而，回避型婚姻存在一个潜在问题，即当夫妻双方被迫解决冲突时，他们可能会手足无措。如果遇到无法通过"求同存异"来解决的问题，他们的婚姻就可能会像一条被冲上岸的鱼一样，由于外部因素的变化而失败。结果可能是消极情绪淹没了他们的互动，导致婚姻破裂。

回避型婚姻的另一个危险是让人感到孤独。这种婚姻的特点是内省程度或心理成熟度较低。因此，丈夫或妻子最终可能会觉得对方并不真正了解或理解自己。当双方都没有深刻感受到令他们不安的真正情感基础时，就会发生这种情况。实质上，他们总是"错过"对方。如果这种情况变得极端，回避型婚姻就会偏离正轨。

比尔和简这对夫妻参与了我们的研究，虽然他们依然很幸福，但他们就是在争吵中缺乏反省的典型。在接受采访时，他们谈到他们的冲突主要源于建造新房子所涉及的麻烦事。简的父亲资助了这个项目，并坚持要掌控施工中的事，哪怕是很小的细节。他经常去工地，告诉施工人员，他认为厨房台子上不需要安装灯具，等等。在旁观者看来，简和比尔关系紧张的主要原因显而易见：比尔不希望简的父亲过多地参与工程，也因为简对丈夫和父亲的忠诚度不一感到不满。但在他们的争论中，比尔和简都没有提出这些问题！他们的交流中没有包含任何评论，比如"我觉得我夹在你和我爸爸之间"，或者"我希望你爸爸能让我们这么做"。相反，他们选择了更小、更"安全"的论据，例如报纸是否刊登了当地商店的油漆促销广告，或者比尔是否在某一天与工人交谈过。这些冲突很容易得到解决，从而给这对夫妻带来了新的团结感，尽管他们从未真正解决过他们的根本问题。

然而，回避型婚姻和多变型及确认型婚姻一样，都存在一些明显的缺点。也许不同类型的夫妻可以从其他类型夫妻的做法中获得启示。例如，多变型夫妻可以学习如何忽略一些冲突，而回避型夫妻则可以学会如何进行妥协。无论丈夫和妻子多么般配，他们可能都仍然需要努力维护关系，以维持婚姻关系的平衡，并保持爱情的活力（你将在第七章中找到有关改善这三种婚姻类型的关系的具体建议）。但是，这三种类型的婚姻前景是非常光明的。事实上，我相信成功的婚姻通常会演变成这三种类型之一，它们都是健康的模式，是一个人努力适应与另一个人的亲密生活的成果。

这三类婚姻稳定的夫妻都会说，他们在婚姻中会充分讨论感受并解决问题。但是，这三种类型的夫妻在这些方面以及在定义令人满意的解决方案方面存在巨大差异。对互动本身的良好感觉比实际解决问题更为重要，而这三种类型的夫妻都有各自的方式来实现这

一点。例如,以下是三种类型的夫妻处理相同问题可能用的方式。首先是确认型:

> 丈夫:你还从来没有和我一起去过教堂。我希望哪天你也能去教堂。
>
> 妻子:你知道我不相信有组织的宗教。
>
> 丈夫:我不是要你相信。
>
> 妻子:那为什么让我去?
>
> 丈夫:没有你我会感到孤独。
>
> 妻子:你是说你会想我?
>
> 丈夫:是的,我会想你。
>
> 妻子:你不是想让我信教?
>
> 丈夫:或许有一点,但这不是重点。我只是希望我们能像一家人一样在一起。
>
> 妻子:周日上午我也有点想你。
>
> 丈夫:我也认为这对孩子们有好处。
>
> 妻子:我同意。
>
> 丈夫:什么时候来一下?
>
> 妻子:不会给我压力吗?
>
> 丈夫:不会给你压力。
>
> 妻子:我会考虑一下。
>
> 丈夫:很好。

如果是多变型夫妻谈论去教堂,对话可能是这样的:

丈夫:你还从来没有和我一起去过教堂。我希望哪天你也能去教堂。

妻子:你知道我不相信有组织的宗教。

丈夫:我想让杰森受洗。

妻子(提高声音):为什么?这样他死后就不会因为原罪下到炼狱?

丈夫:因为我觉得这表明他有精神生活,他是宗教团体的一部分。

妻子:这是你从神父那里学到的。

丈夫:对,他说得很好。

妻子(讽刺):你是一名律师,你就不能用自己的话来表达吗?

丈夫:没有比上帝的案子更好的了。

妻子(笑):是的,我们不想对抗上帝。

丈夫(笑):既然你一点都不相信,为什么不顺着我,跟我一起去呢?

如果是回避型夫妻,关于去教堂的谈话听起来可能是这样的。

丈夫:你还从来没有和我一起去过教堂。

妻子:嗯嗯,确实如此。

丈夫：我希望你能去一次。

妻子：我更喜欢独处的时间。

丈夫：好吧，其实这对我来说并不重要。

妻子：你知道，我们还有很多事情要做。

丈夫：噢，我认为我们的婚姻很美好。我姐姐和杰夫总是去，但他们总是争吵不休。宗教对他们没有多大影响。我只是想问一下你。

妻子：你提起这件事让我很高兴。但你知道我可以把这个时间用于我们的房屋改造。我们已经快要开始实施计划了。

丈夫：那真的比你跟我去教堂更重要。你弄改造的事吧。

妻子：你不介意吗？

丈夫：不，这没什么大不了的，这不是问题。

妻子：我会去参加你们的野餐。

丈夫：好，不错。

妻子：你不介意吗？

丈夫：不介意。

妻子：很好。

通过协商确定一种稳定的婚姻类型

每对夫妻往往在恋爱初期开始协商他们的婚姻类型。双方对情感强度以及处理情感纷争的方式有着不同的偏好和接受度。如果一个人在回避型婚姻中感到如鱼得水，似乎不大可能会选择一个在多变型婚姻中感到最舒适的人，但我也看到过这种情况。类型相反的人会互相吸引，至少有时是这样。例如，我认识一个情绪控制力很强的男性，他就娶了一个非常有表现力的女性。她喜欢他的稳重，他喜欢她的热情。但过了一段时间，他就希望她能少一些情绪爆发，多一些理性和情绪控制力，而她则希望他能更具自发性、反应更热烈、更有表现力。他想要更多的隐私、个人空间和自主权，而这让她感到不自在。他们很难就双方都接受的婚姻类型进行协商。

这种协商是一项艰巨的任务，但如果你们想要一种稳定性，协商必不可少。我认为可以借鉴不同婚姻类型的特点，创造出一种适用于自身的混合类型。了解各种类型的特点可能有助于找到自己的平衡点。但是，只要你和伴侣渴望不同类型的婚姻，你们的婚姻就有可能面临我所说的"末日四骑士"的特殊风险。我将在下一章中谈论这些风险。

自我测试：你的婚姻类型

我的研究将稳定的夫妻分为三种类型，其依据是他们对待对方的行为模式：他们在情感上的表达方式，以及他们在争吵时试图说服对方的次数和时间。但是，这三种稳定婚姻类型下的不同夫妻不仅在行为上存在差异，而且在让他们感到舒适的想法和态度上也存在不同。下面的测试将帮助你探索婚姻中不那么具体的层面。该测试既询问了你现在的婚姻状况，又询问了你的偏好，以及你对理想婚姻的看法。

无论你目前的婚姻状况如何，了解哪种婚姻关系最适合你都会对你有所帮助。请将这些条目仅视为一般指南。你在本测试中的得分可能表明适合你的婚姻类型是混合型的，而不是这三种基本类型中的一种，但这没有关系。也许最好的方法是把这个测试看成你给自己讲的一个故事，告诉自己这三种类型在哪些方面吸引你。把它们想象成三原色，你可以用它们来组成自己的调色板。

我希望你进行下面的测试，并让你的伴侣也进行。如果你的伴侣不能或不愿意进行这个测试，那么你可以进行两次——先自己回答，然后再按照你想象中他（她）会回答的方式来回答。通过比较你们的分数，你可能会看到你们在如何看待你们的婚姻或在你们希望婚姻发展的方向上的差异及相似之处。当你们讨论可以做出哪些调整以找到你们感到最愉快的方式处理冲突时，这些异同点可以作为讨论的基础（想要进一步了解如何处理冲突，请参阅第八章）。

说明：根据你总体上是同意还是不同意，在每个条目下选择"是"或"否"。

第一部分

回避型的婚姻适合你吗？

1. 我经常隐藏自己的感受以避免伤害我的伴侣。

你：是 否　　　你的伴侣：是 否

2. 当我们意见不一致时，我认为分析我们的感受和动机没有多大意义。

你：是 否　　　你的伴侣：是 否

3. 当我们意见不一致时，我们通常会通过回归我们对婚姻中男性和女性不同角色的基本看法来解决问题。

你：是 否　　　你的伴侣：是 否

4. 我们有很多不同的朋友。

你：是 否　　　你的伴侣：是 否

5. 定期去教堂很重要。

你：是 否　　　你的伴侣：是 否

6. 许多婚姻中的冲突会随着时间的流逝自动得到解决。

你：是 否　　　你的伴侣：是 否

7. 我们都会单独做很多事情。

你：是 否　　　你的伴侣：是 否

8. 在发生婚姻冲突期间，从心理层面弄清楚发生了什么并没有多大好处。

你：是 否　　　你的伴侣：是 否

9. 我们的宗教价值观让我们清楚地意识到生活的目的。

你：是 否　　　你的伴侣：是 否

10. 当我心情不好时，我更喜欢一个人独处，直到情绪好转。

你：是 否　　　你的伴侣：是 否

11. 我对在婚姻中强烈表达负面情绪感到不太舒服。

你：是 否　　　你的伴侣：是 否

12. 在解决冲突时，我们以我们基本的宗教观或文化价值观作为指导。

你：是 否　　　你的伴侣：是 否

13. 我接受婚姻中大部分我无法改变的事情。

    你：是 否　　　你的伴侣：是 否

14. 我们经常同意不去谈论我们有分歧的事情。

    你：是 否　　　你的伴侣：是 否

15. 在我们的婚姻中，丈夫和妻子的角色之间有相当明确的界限。

    你：是 否　　　你的伴侣：是 否

16. 我们似乎并没有多大分歧。

    你：是 否　　　你的伴侣：是 否

17. 当我们对一个话题有不同意见时，我们通常会放弃谈论这个话题。

    你：是 否　　　你的伴侣：是 否

18. 我们几乎没有什么可争论的。

    你：是 否　　　你的伴侣：是 否

19. 过多地谈论分歧往往会使事情变得更糟糕。

    你：是 否　　　你的伴侣：是 否

20. 我的生活中有一些不想与伴侣讨论的个人领域。

    你：是 否　　　你的伴侣：是 否

21. 试图说服我的伴侣相信我的观点没有多大意义。

    你：是 否　　　你的伴侣：是 否

22. 向我的伴侣清楚表明我生气了并没有什么好处。

    你：是 否　　　你的伴侣：是 否

23. 积极思考可以解决很多的婚姻问题。

    你：是 否　　　你的伴侣：是 否

24. 在婚姻中，最好坚守关于男性和女性的传统价值观。

你：是 否　　　你的伴侣：是 否

25. 对许多负面情绪，我更喜欢自己去疏解。

你：是 否　　　你的伴侣：是 否

26. 在关于婚姻的讨论中谈论很多负面情绪通常会让事情变得更糟糕。

你：是 否　　　你的伴侣：是 否

27. 如果你在面对问题时保持放松，问题会自行解决。

你：是 否　　　你的伴侣：是 否

28. 当谈论我们的问题时，我们发现这些问题在我们婚姻的整体图景中并不那么重要。

你：是 否　　　你的伴侣：是 否

29. 男人和女人在婚姻中应该扮演不同的角色。

你：是 否　　　你的伴侣：是 否

评分：数一数你选了多少个"是"。如果数量大于等于八，你可能更倾向于回避冲突者的婚姻哲学。

对回避型的婚姻哲学感到满意（选了八个或更多的"是"）？

　　　　　　　　是　　　否

你

你的伴侣

第二部分

你对多变型或确认型婚姻感到满意吗?

1. 我认为对我和我的伴侣来说,拥有很多不同类型的朋友是个不错的主意。

你:是 否　　你的伴侣:是 否

2. 我相信无论问题是什么,都要坦诚地面对分歧。

你:是 否　　你的伴侣:是 否

3. 我们经常分开做事。

你:是 否　　你的伴侣:是 否

4. 团结对我们的婚姻来说非常重要。

你:是 否　　你的伴侣:是 否

5. 无论结果如何,婚姻伴侣都应该直接、诚实。

你:是 否　　你的伴侣:是 否

6. 我对强烈地表达负面情绪感到很自在。

你:是 否　　你的伴侣:是 否

7. 有时我很享受和我的伴侣好好争论的感觉。

你:是 否　　你的伴侣:是 否

8. 婚姻中最重要的是陪伴。

你:是 否　　你的伴侣:是 否

9. 嫉妒有时是我们婚姻中的一个问题。

你:是 否　　你的伴侣:是 否

10. 在婚姻中成为独立的个体很重要。

你:是 否　　你的伴侣:是 否

11. 我认为我们应该争论，但是只能争论重要的问题。

你：是 否　　　你的伴侣：是 否

12. 我们经常分开吃饭。

你：是 否　　　你的伴侣：是 否

13. 我们的婚姻是建立在成为彼此最好的朋友的基础上的。

你：是 否　　　你的伴侣：是 否

14. 当我们有分歧时，我喜欢尝试说服我的伴侣。

你：是 否　　　你的伴侣：是 否

15. 我们共同的宗教信仰和其他信仰是我们婚姻的基础。

你：是 否　　　你的伴侣：是 否

16. 我相信我们的婚姻应该保持浪漫。

你：是 否　　　你的伴侣：是 否

17. 我们经常一起翻阅我们的相册。

你：是 否　　　你的伴侣：是 否

18. 我们在婚姻中培养了一种"我们"的感觉。

你：是 否　　　你的伴侣：是 否

19. 我们在婚姻中分享所有个人和情感上的事情。

你：是 否　　　你的伴侣：是 否

20. 我们家里的所有空间都是共享空间。

你：是 否　　　你的伴侣：是 否

21. 我永远不会和我的伴侣分别休假。

你：是 否　　　你的伴侣：是 否

22. 有时我喜欢表达愤怒。

你：是 否　　　你的伴侣：是 否

23. 我认为即使是针对小事，争吵也很重要。

你：是 否　　　你的伴侣：是 否

24. 我喜欢通过彻底的争论来确定我们的价值观。

你：是 否　　　你的伴侣：是 否

25. 没有任何我不愿意分享给伴侣的个人事情。

你：是 否　　　你的伴侣：是 否

26. 我只对适度的情感表达感到舒服。

你：是 否　　　你的伴侣：是 否

27. 婚姻中有强烈的团结意识是至关重要的。

你：是 否　　　你的伴侣：是 否

28. 婚姻中保持一定的距离有助于制造浪漫。

你：是 否　　　你的伴侣：是 否

29. 强烈的传统价值观对婚姻是有好处的。

你：是 否　　　你的伴侣：是 否

30. 婚姻中几乎没有什么问题值得争论。

你：是 否　　　你的伴侣：是 否

评分：查看下面的"确认型"和"多变型"行列，在你回答"是"的问题编号旁边标上对钩，然后分别将每列的对钩数量加起来，将两列对钩数量的和分别除以十五，得到的百分比分别代表两种类型让你感到舒适的程度。例如，你可能会在多变型行列得到百分之五十三的百分数，在确认型行列得到百分之八十的百分数——这表明确认型的婚姻哲学更让你感到满意，而多变型的一些元素也让你感觉不错。

多变型	确认型
1	4
2	8
3	11
5	13
6	15
7	17
9	18
10	19
12	20
14	21
16	25
22	26
23	27
24	29
28	30

多变型行列"是"的总数 /15= 多变型比例

确认型行列"是"的总数 /15= 确认型比例

	多变型		确认型	
	是	否	是	否
你				
你的伴侣				

神奇比例：突出积极互动，但不要消除消极互动

现在，你可能会疑惑为什么这三种完全不同的婚姻类型都能取得成功，或者为什么面临明显困难、存在分歧或不足的夫妻还能幸福地生活在一起。答案是：幸福并不取决于特定的吵架或和解方式。相反，我们的研究表明，幸福夫妻与不幸夫妻的真正分水岭是能否恰当地平衡积极与消极的情感及行为。举个例子，我提到过，多变型夫妻之所以能够维系关系，是因为他们用爱和激情来平衡频繁的争吵。但是，我所说的平衡并不是严格的"五五分"。我们详细记录了夫妻吵架和积极互动的时间——作为研究的一部分——例如抚摸、微笑、赞美、大笑等等。我们发现，在稳定的婚姻中，无论是确认型、多变型还是回避型，积极时刻和消极时刻的比例都是非常明确的。

这个神奇的比例是五比一。换句话说，只要夫妻之间的积极感受和积极互动是消极感受和消极互动的五倍，他们的婚姻就很可能是稳定的。根据这个比例，我们可以预测夫妻是否可能走向离婚：在非常不幸福的婚姻中，夫妻间的消极互动往往多于积极互动。

我们可以把稳定的夫妻关系想象成一个立体声系统，在这个系统中，正面扬声器发出的功率是反面扬声器的五倍。无论夫妻的音量大还是小，他们的正反扬声器之间的平衡都大致相同。高音量多变型夫妻可能会经常大喊大叫，但他们恩爱与和好的时间是争吵时间的五倍。确认型夫妻之间有适度的紧张，同时有适度的乐趣、爱和温暖。相比之下，较为低调的回避型夫妻可能不像其他类型的夫妻那样充满激情，但他们表现出的批评和蔑视也要少得多，积极和消极比例仍然是五比一。

这三种幸福的婚姻类型同样成功，它们使不同类型的夫妻能够长期保持这个关键比例。换句话说，这三种婚姻类型可能是维护这一重要平衡的普遍方式，更确切地说，是有利于积极方面的不平衡状态。一对夫妻选择确认型、多变型还是回避型，可能取决于他们各自的秉性和成长背景。

你可以把五比一的比例想象成土壤的酸碱度，土壤酸性和碱性之间的平衡对肥沃度至关重要。为了滋养你们的爱情，你们的婚姻需要更多的积极因素，而不是消极因素。没有这些积极因素，你们的关系就会面临枯萎直至死亡的危险，就像把脆弱的葡萄藤种在酸性过强、含沙量过多或过于干燥的土壤中一样。在这五比一的比例中，积极因素就像养分一样，滋养着亲昵感，孕育着快乐，使你们的爱情能经受住风雨。

虽然我发现五比一的神奇比例在这三种稳定婚姻类型中都存在，但对即将离婚的夫妻来说，情况却截然不同：他们表现出的消极互动略多于积极互动。积极互动和消极互动之间的差异比例意味着：

三种稳定婚姻类型中的丈夫和妻子在每时每刻的互动中，做出大量的积极行为来"对冲"他们的消极行为，而那些准备离婚的夫妻在积极方面做得太少，不足以制衡他们之间不断增加的消极因素。低调的回避型婚姻需要的积极因素相对少，因为回避型夫妻表达的消极情绪较少。但是，充满激情的高度多变型婚姻则需要很高的积极性来抵消空气中弥漫的消极情绪。

消极情绪有哪些？本书中将会提到所有的消极情绪，尤其是批评和蔑视、防御和退缩、孤独和隔离。但是愤怒不被归类为消极情绪。当我刚开始研究时，我和大多数研究人员、临床医生一样，认为"过多的"愤怒会对婚姻造成破坏性影响。但是，当我研究离婚或分居的预兆时，发现只有当愤怒与批评或蔑视相结合，或者当愤怒充满了防御性时，才会对婚姻造成负面影响。

为了制衡消极情绪、达成积极平衡，婚姻稳定的夫妻做了哪些努力呢？总体而言，即使是多变型夫妻，他们所表现出的消极情绪也远少于最终分开的夫妻。当他们面临分歧时，他们表达愤怒或沮丧等情绪的方式不那么极端。当然，他们也会抱怨、生气，但他们对伴侣的批评较少，防御性行为较少，蔑视的表现也较少。此外，他们是积极投入的倾听者，而不是持反对态度的倾听者。在回避型的婚姻中，男性不会太投入地倾听，但他们在轮到自己发言时非常积极。虽然他们在倾听时会退缩，但是并不会闷闷不乐，因此不会成为防御型的发言者。

值得注意的是，婚姻稳定的夫妻通过许多细微的方式展现他们的积极性。这也为我们提供了一份有用的清单，指导我们如何在婚姻中增加积极时刻的比重。清单内容如下：

表现出兴趣。对伴侣的话语表现出积极的兴趣。例如，当你的妻子抱怨某名员工不负责任、导致她错过了公交车时，你可以感同身受地回应："他真的那样做了？我无法相信他又迟到了，让你错过了公交车！"你也可以用更微妙的方式表达你的兴趣，只需表现出你在真正地倾听和参与——适时地发出"嗯嗯"声、点头，并在伴侣说话时注视他（她）的眼睛。

表达亲昵感。你可以通过安静的温柔行为，以低调、微妙的方式表达亲昵感。例如，在一起看电视时抚摸对方或牵手，共同阅读报纸时双脚交缠。这种身体上的亲昵行为能给人带来一种满足和梦幻般的感觉，就像一起坐在火炉前享受温暖。除此之外，你的一言一行都能让伴侣感受到你对他（她）的亲昵：回忆在一起的快乐时光，表达团结一致的态度——"这是我们的问题，不只是你的问题，我们是一起的"；做一些体贴的事情——或者提议去做。每当你们度过愉快的时光时，都能于无声处表达亲昵感。当然，最直接、明显的方式就是说出你的爱意或者制造浪漫的时刻。

表现你的关心。小小的体贴之举是提升婚姻积极性的有效途径。可以试着做这些事：你在购物时路过一家便利店，可以给妻子买一些她喜欢的啤酒；或者你在杂货店里时，想到给丈夫买他最喜欢的冰激凌；或者你只是在忙碌的一天中抽出几分钟，想想另一半今天会面临的事情，例如"现在她正准备召开一个关于解决员工冲突的会议，她很担心会议能否顺利进行，因为她有一个很跋扈的员工"，然后你打电话问候一下，祝她一切顺利，并了解一下会议进行得怎么样了。

带着赞赏的眼光。只需要带着赞赏的眼光，就能为婚姻注入正能量——思考和回忆过去的积极时刻，满怀深情地想着你的伴侣，等等。当你被消极情绪缠绕，难以回忆起婚姻中的美好时光时，激活这些积极的回忆和想法就能抵御消极情绪。同意伴侣的想法、建议或解决方案是另一种形式的赞赏。让伴侣知道你意识到自己对婚姻满意，可以加强你们之间的联系。例如，你可以赞美伴侣，或表达对伴侣的自豪感。

表现你的担忧。每当伴侣告诉你一些令人痛苦或感到麻烦的事情时，记得表达你的担忧。当他（她）情绪低落或忧心忡忡时，记得给予支持。"你的工作让你情绪低落，我也为此感到不安，让我们好好谈谈吧"。道歉是有帮助的，如果你的伴侣因为你的话语感到不安，并带着愤怒向你发起攻击，不要带着很强的防御性试图为自己的言论辩解。"我真的很抱歉，我说的话伤害了你"这样的话带来的结果会大不一样。

富有同理心。同理心是一种强有力的感情形式，能向你的伴侣表达情感上的共鸣。你可以通过与伴侣相匹配的面部表情来表明你真的能理解他（她），能够感同身受。但是同理心是无法伪装的。如果你说"我知道你的感受"，但事实并非如此，你的伴侣就会感觉到那种虚假的情感音符。说一些表示理解的话更能引起对方共鸣，比如，"啊，她说这话时真的很伤人，不是吗？"

接受对方。即使你的伴侣说了一些你不赞同的话，也要让他（她）知道这些话有道理、很重要，你尊重他（她）说的话。可以通过默认表达这种接受，比如在伴侣说话时说"是的"表示同意，这表明你在倾听，想听到更多，而且你觉得这些话有道理；这也表明你接受对方所表达的感受。在争吵中，即使你们仍持有不同意见，总结伴侣的观点也是一种接受。

开玩笑。俏皮的戏弄、诙谐的语言、愚蠢的举动以及在一起嬉笑怒骂的时光都很有滋养力。如果你们像大多数夫妻一样，有一些你们独享的私人笑话，那么这种玩笑不仅是一种娱乐方式，也是你们之间亲密无间、与他人无关的纽带。但是，如果你的伴侣觉得你的挑逗、敌对或讽刺性的笑话不好笑，那你就要小心了：这是一种好战行为，而不是幽默。

与伴侣分享你的喜悦。当你感到兴奋时，告诉你的伴侣。当然，对其中大部分的事情，你们可能可以自发地做到。在婚姻"五比一"的比例里，做这些事情能加大积极方面的比重，记住这一点对你会有所帮助。虽然当你们的关系良好时，做这些都是自然而然的，但在困难时期，需要刻意付出努力才能回到更积极的平衡状态。

根据热力学第二定律，在封闭的能量系统中，事物会趋于衰竭，变得不那么有序。这个定律似乎也适用于婚姻这种封闭的关系。我的猜测是，如果你在婚姻中不做任何积极的改变，但也不犯任何错误，那么随着时间的推移，婚姻关系会逐渐恶化。为了保持情感生态的平衡，你需要付出努力，例如白天想想你的伴侣，想想如何为一件好事锦上添花并付诸行动。

婚姻的基本营养素：爱与尊重

在对长期婚姻开展研究的时候，我们招募了不同背景的夫妻，他们与同一个人一起生活了二十年到四十年不等。尽管他们的职业、生活方式和日常生活细节存在很大差异，但我感觉到他们谈话的语气有惊人的相似之处。无论他们处于什么类型的婚姻中，他们的讨论都大多由两个基本要素构成的潜在力量驱动，这两大要素就是爱和尊重。

蔑视可能是最能腐蚀婚姻的力量，而爱和尊重则处于蔑视的直接对立面，也是蔑视的解毒剂。在婚姻积极与消极的天平上，不管伴侣以什么方式表达爱和尊重，都能确保天平明显向积极的一面倾斜。

在这些长期婚姻中，浓浓的爱意和深深的尊重感无处不在。在观看录像带时，我通过手势、眼神交流和面部表情看到了大量的感情交流。例如，在迈克和多萝西每次谈话中的静默"休息"期间，我看到多萝西捕捉迈克的目光，并用某种看似秘密的手语与他交流。后来，迈克又高调地向采访者炫耀多萝西在手工艺和园艺方面的天赋。这在长期婚姻的伴侣中很常见。许多人抓住机会向采访者介绍自己伴侣的技能和成就，他们还对彼此的生活细节表现出真正的兴趣。当出现矛盾时，双方都会考虑对方的观点。

举个例子，有一对夫妻是于二十世纪六十年代在伯克利初次相遇的，当时他们都是和平活动家。从那时起，他们开始就言论自由、审查制度和公民自由进行激烈的辩论，似乎从中得到了很大的乐趣。二十多年来，他们一直在讨论同样的问题。随着时间的推移，这些争论变得越来越激烈，但他们对彼此的尊重也与日俱增。后来，这对夫妻又大声谈论他们是多么为自己的孩子感到骄傲，还有在被窝里感受彼此的脚趾是多么美好。

这样的婚姻和谐大师经常互相共情并表达对彼此的同情。当一方生病时，另一方会给予适当的照顾和支持。他们会互相提供庇护，使彼此远离日常生活的乏味和委屈。他们很可能会说"我真的很抱歉电脑'吃'掉了你的销售报告"，或者"你的老板显然低估了你隐藏的才能"。

你的婚姻怎么样？你和你的伴侣是否经常借机表达你们对彼此的爱和尊重？你们是如何在婚姻关系中表达这些感受的？这里有一个快速测试，可以帮助你识别自己的优缺点。

第三部分
你的婚姻中是否有足够的爱和尊重？

说明：根据你总体上是同意还是不同意，在每个条目下选择"是"或"否"。和之前一样，如果有必要，请让你的伴侣也进行测试。

1.我的伴侣会征求我的意见。

你：是 否　　　你的伴侣：是 否

2.我的伴侣关心我的感受。

你：是 否　　　你的伴侣：是 否

3.我并不经常感到被忽视。

你：是 否　　　你的伴侣：是 否

4.我们经常有身体接触。

你：是 否　　　你的伴侣：是 否

5.我们互相倾听。

你：是否　　　你的伴侣：是否

6. 我们尊重彼此的想法。

你：是否　　　你的伴侣：是否

7. 我们之间有着深厚的亲昵感。

你：是否　　　你的伴侣：是否

8. 我觉得我的伴侣很照顾我。

你：是否　　　你的伴侣：是否

9. 我说的话很重要。

你：是否　　　你的伴侣：是否

10. 我的想法对我们做决定很重要。

你：是否　　　你的伴侣：是否

11. 我们的婚姻充满爱。

你：是否　　　你的伴侣：是否

12. 我们对彼此真的很感兴趣。

你：是否　　　你的伴侣：是否

13. 我很喜欢和我的伴侣共度时光。

你：是否　　　你的伴侣：是否

14. 我们是很好的朋友。

你：是否　　　你的伴侣：是否

15. 即使在困难时期，我们也能富有同理心。

你：是否　　　你的伴侣：是否

16. 我的伴侣很体贴，尊重我的观点。

你：是否　　　你的伴侣：是否

17. 我的伴侣发现我的外表很有吸引力。

你：是否　　　你的伴侣：是否

18. 我的伴侣会对我表达温暖。

你：是否　　　你的伴侣：是否

19. 我感觉自己融入了伴侣的生活。

你：是否　　　你的伴侣：是否

20. 我的伴侣钦佩我。

你：是否　　　你的伴侣：是否

评分：如果你选择的"是"少于七个，那么你很可能在婚姻中没有感受到足够的爱和尊重。你需要更加积极和充满创造性地为你们的关系增添爱意。

婚姻生态

对每段婚姻的情感生态而言，消极与积极之间的平衡似乎是其运作的关键动力。就像大气或海洋一样，亲密关系的状态是一种生态系统，其中存在着至关重要的因素。如果这些因素的比例处于平衡状态，爱情就会蓬勃发展；如果比例失衡，那么夫妻之爱就会逐渐凋零并死亡，就像濒临灭绝的物种缺乏基本营养一样。

健康的婚姻中似乎有某种恒温器在运作，它调节积极情绪和消极情绪之间的平衡，使良好的情感生态得以保持。举个例子，当稳定婚姻中的夫妻有蔑视举动时，他们会用大量的积极性来纠偏。虽然可能不是立即做，但很快就会出现这一举动。

这种平衡还意味着出现一件奇怪的事情，起初你可能觉得难以置信，就像我一样：某些种类的消极情绪实际上在婚姻中可能具有积极作用。例如，适度的消极情绪可能有助于保持婚姻中的性激情。许多夫妻在激烈争吵后，和解时性欲会增强。也许对这些夫妻来说，某些消极情绪就像燃料一样重新点燃他们的欲望。这些消极情绪在健康婚姻中可能起到刺激夫妻关系亲密和分离的循环作用。定期"休息"的时间可以让夫妻重新认识并加深他们的爱情。当然，过多的"休息"时间可能会永久地消磨婚姻。

曾经有一个朋友和我分享了他与妻子吵架的经历。当时，他的妻子觉得他在家里有客人时忽视了她，因此感到很不开心，但她不愿意谈论自己的感受。多年来，这是她第一次拒绝与他交谈。他对此感到非常痛苦，但渐渐地接受了现实。他们都变得冷漠、愤怒、闷闷不乐、充满怨怼。尽管他们仍然保持着礼貌，但随着时间的推移，他们之间的距离越来越远。他们虽然还睡在同一张床上，但避免进行身体接触。

有一天，当他们准备一起出门参加一场特别的音乐会时，他看到妻子打扮得很漂亮。参加那场音乐会是几个月前就计划好的，音乐会的门票价格昂贵，他们都没有不去的意思。看着妻子晚上穿好衣服，梳理长发，他被她的美丽所震撼，这是他多年来从未有过的经历。他被她闪耀的秀发迷住，他爱上了她对他的冷漠面孔下那骄傲庄严的样子。

随着音乐会进行，他们发现彼此都非常享受这场音乐会，甚至有些忘记了自己。他们的手轻轻碰触，那触感产生的电流如同他们刚恋爱时的感觉。他们深情地注视对方的眼睛并开始接吻。那个晚上，他们热烈地表达了对彼此的爱。之后，他们拥抱在一起。到了第二天早上，一切都好起来了，而且比以往任何时候都要好——某种东西已经得到了更新。我和我的朋友都在思考，这场争吵是否真的关乎实际问题，或者它是不是婚姻中距离和亲密之舞的一部分，在某种程度上有助于恢复追求期的感觉，或至少有助于恢复吸引力。

婚姻中首先要做的事情就是礼貌。在某些方面，缺乏礼貌反映了两人在关系中越来越舒适，但它会导致理所当然的想法出现，并且可能导致人做粗鲁的行为。伴侣之间的交谈和陌生人之间的交谈非常不同，区别在于已婚夫妻彼此间的礼貌远不如对陌生人的礼貌。即使是新婚人士，在与陌生人相处时也比与伴侣相处时更容易接受另一方的意见。他们在交谈中更容易接受陌生人的观点，有更少的反对、更多的礼貌。当夫妻相处时，关系中存在着微妙的平衡，消极情绪和冲突有时可能起到积极的作用，帮助婚姻得以更新。

一个有趣的问题是，为什么消极情绪对婚姻的存续至关重要？为什么稳定婚姻中的积极-消极比例没有达到一百比一这样的程度？如果没有分歧，婚姻不应该会更好吗？我们的研究表明，在短期内可能确实如此。但是，要使婚姻真正持久，夫妻需要说出他们的分歧，无论他们是以多变、确认还是回避的方式来解决这些分歧。例如，我们发现吵架的夫妻对自己婚姻的满意度低于那些自认为彼此间互动性好的夫妻。然而，当我们在三年后再次调查这些夫妻时，情况发生了逆转。那些会发生争吵的人比早先没有争吵的人更有可能维持稳定的婚姻。原本"幸福"的夫妻比其他夫妻更容易走向离婚，甚至"被离婚"。换句话说，最初可能导致婚姻痛苦的因素——分歧和愤怒——从长远来看可能是有益的。偶尔的愤怒不仅不会对婚姻关系造成破坏，反而可以成为推动婚姻关系改善的因素。

这些发现使我相信，在婚姻生态中，婚姻的繁荣需要有一定程度的消极性。在野外，一个物种通常有一个捕食者来控制其种群以确保适者生存。例如，羚羊自然会被狮子捕食。如果周围的狮子太多，羚羊的数量就会急剧减少。但如果没有足够的狮子，羚羊的数量就会过多，最终会因为缺乏食物而死亡。捕食者还发挥着清理作用，淘汰种群中最弱的成员，这样最强的成员——也就是最有可能哺育健康后代的成员，最有可能生存下来。

我认为在婚姻生态系统中，消极情绪就是捕食者。从某种意义上说，消极情绪就好比狮子，在夫妻进行积极互动时出来"捕食"。消极情绪太多，婚姻就会变成一潭死水。但消极情绪太少也可能具有破坏性。在婚姻生态中，一定程度的消极互动能使婚姻关系保持牢固。适度的冲突是必要的，可以消除可能对婚姻造成长期伤害的行为和相处方式。即使是回避型夫妻也会表达他们的冲突——他们只是用一种回避的方式来解决它们。我相信，如果这些夫妻根本不谈论对彼此的抱怨，他们的婚姻就无法保持稳定。

重要的是要记住，消极情绪有许多不同的形式。太多的消极情绪或某些特定类型的消极情绪可能会破坏婚姻。也就是说，当消极能量包括强烈的固执、蔑视、防御或退出互动时，它可能会给婚姻带来毁灭性的影响。如果夫妻无法找到稳定婚姻模式中的平衡点，就很容易受到这些破坏性的负面力量的影响，从而使婚姻遭到侵蚀。接下来的几章将帮助你准确判断哪些破坏性模式已经在你的婚姻中扎根；最后几章将告诉你该如何应对这些模式，以维持健康的婚姻关系。

第三章

『末日四骑士』：预警信号

像安妮塔和麦克斯这样的多变型夫妻，他们的激情为他们的婚姻增添了诸多乐趣。在工作中，我接触到了许许多多像他们这样的夫妻。但我也见过很多剑拔弩张的夫妻，他们经常爆发激烈争吵，其中却缺乏幽默或亲昵感的调剂，如果你听过这样的夫妻争论，一开始或许觉得他们与多变型夫妻没有太大不同。但其中的不同点是，这些夫妻欢笑、开玩笑、触摸、爱抚、亲昵的时间并没有远超出争吵的时间。更具破坏性的是，他们频繁争吵的显著特征是表现出消极情绪，比如蔑视和防御。

这些夫妻未能在三种稳定的婚姻类型中找到一种平衡。他们的情感生态出现了问题，于是婚姻开始失控。他们陷入了我的研究发现的两种具破坏性、不平衡的婚姻类型之一，就像一场正在走下坡路的婚姻实况直播。

我发现，随着时间的推移，这些夫妻几乎都会以离婚告终。但如果你想警惕那些可能已经悄悄开始腐蚀你的婚姻的因素，那么这两种类型的婚姻提供了很关键的客观教训。

在这些问题重重的婚姻中,你可以清楚地看到,即使是婚姻美满和谐的夫妻,也有可能逐渐疏远对方。每段婚姻都需要夫妻共同努力,使其保持在正确的轨道上;在每对夫妻的情感生态中,既有将你们维系在一起的力量,也有可能将你们分开的力量,这两股力量一直在互相抗衡。即使你和伴侣已经形成了稳定的模式,你也应该警惕早期的预警信号。这些信号会让你知道你们的关系是否已经开始出现问题,继而走向死胡同。

本章以及第四章和第五章将帮助你评估自己的婚姻,并诊断出问题的征兆(如果有的话)。本书最后的部分将告诉你该如何保持牢固健康的婚姻关系。

两幅婚姻破裂的画像

第一种婚姻模式从自由落体走向毁灭,这就是我所说的敌对参与型。这些夫妻经常激烈地争吵:侮辱、谩骂、贬低、讽刺都是他们的拿手好戏。以下是一个典型的敌对参与型夫妻的交流场景:

弗雷德:你帮我取我干洗的衣服了吗?

英格丽德(嘲笑):你帮我取我干洗的衣服了吗?——自己去取你该死的干洗衣服!我是什么?你的女仆?

弗雷德:很难说,女仆至少会打扫卫生。

在某些情况下,当婚姻不平衡时,丈夫和妻子可能会互相大喊大叫、谩骂,但都不会真正倾听对方在说什么,也不会多看对方一眼。这种夫妻互相很疏离,在感情上也不投入,但他们会有短暂的攻击和防卫行为。这种夫妻不属于敌对参与型,而属于我所称的敌对疏离型。莫尔和迪克的婚姻很不如意,你可以从他们的互动中看到这种风格:

莫尔:你不觉得我们的关系改善了一些吗?

迪克:是的……但我一听到"天气好热",就感到厌倦。

莫尔:好吧,抱歉,但这些都是人们谈论的事情啊。

迪克:人们不仅仅谈论天气。我不想听这些,除非天气很好。如果有什么我不喜欢的事情,我不会说出来。

莫尔:如果你不是特别享受,你就不想说话。

迪克:是的。如果这个话题不令人愉快,我就不想谈。

莫尔:是吗?你是我唯一的家人,该死的,如果我必须把所有问题都藏在心里,那我还不如自己一个人过。

弗雷德和英格丽德、莫尔和迪克为什么会相处成这个样子?婚姻生活有三种稳定类型,而由于某种原因,他们无法走向其中的任何一种。我们的研究表明,你离这三种类型中的任意一种越远,就越有可能走上从婚姻幸福到婚姻不幸的下坡路。造成这些不幸的原因可能是丈夫和妻子渴望不同的婚姻类型。例如,一个天生倾向于确认型的妻子会谨慎地选择她的战场。如果她的丈夫是多变型的人,对"在水槽里留下一块湿的抹布"都能轻易发火,那么她可能会感到不知所措。随着时间推移,他们幸福的婚姻可能会恶化成敌对参与型或敌对疏离型。或者,当回避型妻子的确认型丈夫坚持让他们共同面对和解决冲突,而不是回避冲突时,妻子可能觉得她的婚姻面临危险。最终,这种婚姻的生态平衡会出现问题。消极情绪是婚姻的主要天敌,它会过度滋生,并最终扼杀夫妻最初结合的积极因素。

好消息是,这种情况不必发生。如果在做完第50页的自我测试后,你认为自己的婚姻并不完全符合三种稳定类型中的任意一种,请不要垂头丧气。你仍然可以维持一段富有意义、幸福美满的伴侣关系,只是这样的婚姻可能会面临更高的不稳定风险,除非你能在遇到麻烦时明白出了什么问题并找到原因。我认为培养出这种洞察力是完全有可能的。事实上,我们的研究大部分关注于准确地描绘婚姻从好到坏再到更糟的过程。我们已经能够相当具体地勾勒出一系列的反应,包括负面情绪。随着婚姻走上错误的轨道,负面情绪逐渐变得具有破坏性,不断增强力量和势头。如果你知道这些连锁反应的警示信号和危险,就有更大的机会去避免它们,或者在婚姻已经开始走下坡路的情况下解救你的婚姻。如前文所述,根据我的研究,存在着三种能为夫妻带来长期幸福的美满婚姻类型。如果你采取相应的措施,我相信你的婚姻最终会向其中一种类型靠拢。

在急流中翻滚而下的婚姻

"幸福的家庭都是相似的,但不幸的家庭各有各的不幸。"这是列夫·托尔斯泰的《安娜·卡列尼娜》的开场白。虽然这句话经常被引用,但托尔斯泰的观点是非常不准确的。如果你正陷入婚姻的困境,你可能觉得自己的困境不仅独一无二,而且几乎无法解决。但事实上,不幸的婚姻在一些重要方面是很相似的。确实,每个人都有自己的品格和特质,但不幸的婚姻有一个最重要的相似之处:在走向悲惨结局之前,它们都经历了同样的、特定的螺旋式下滑的过程。这种螺旋式下滑包括一连串明显的互动、情绪和态度,它们一步一步地将这些夫妻带向分居、离婚,或者让他们即便生活在同一个屋檐下还是觉得苦闷或孤独。这些夫妻的关系并没有成为三种稳定的婚姻类型中的一种,而是被消极情绪所吞噬,从而如自由落体般下坠。我的研究团队通过识别这种婚姻破裂的轨迹,已经能够非常准确地预测哪些婚姻可能会一直幸福,哪些婚姻更容易遇到暗礁险滩。

能够预测"哪些情绪和反应往往会导致夫妻关系陷入困境"是提高婚姻成功率的关键。请记住那个心脏病的类比:确定"哪些风险因素会导致心脏病发作"是预防心脏病的第一步。如果你知道一个病人有胸痛、高胆固醇或动脉粥样硬化的表现,你就可以肯定,如果这个病人不做出改变,将会患上重病。同样,可以描绘出不幸婚姻所经历的悲剧性历程，并仔细剖析这些夫妻在哪里出了问题，以及为什么出问题。通过对婚姻进行"把脉"，确定不稳定因素，我相信夫妻们将能够找到方法，重拾婚姻冒险开始时的幸福感。

夫妻跌落在婚姻的急流中时遇到的第一个连锁反应由"末日四骑士"组成。我把四种灾难性的互动方式命名为"末日四骑士"——它们会破坏你与伴侣的沟通交流。这四大"骑士"是批评、蔑视、防御和设阻。如果这些行为变得越来越根深蒂固，丈夫和妻子就会越来越关注婚姻中不断升级的负面情绪和紧张关系。最终，他们可能会屏蔽彼此为和好而做的努力。每个"骑士"到达后，都会为下一个"骑士"的到来铺平道路。以下展示了这些"骑士"如何悄无声息、阴险狡诈地主导一段原本充满希望的婚姻。

第一个"骑士"：批评

埃里克和帕梅拉大学毕业后就步入了婚姻殿堂，当时他们对一起规划未来兴奋不已。他们知道，在买得起房子之前，还需要过上几年省吃俭用的日子，所以他们一开始就互相承诺要过紧日子。但是很快就出现了一个显而易见的问题：他们对节俭的含义有不同的理解。埃里克同意租一套比他想要的公寓更小的公寓，并推迟购买新车等大宗商品，他觉得自己已经遵守了他们的协议。但对帕梅拉来说，储蓄还意味着寻找打折信息，甚至只购买打折的廉价商品。一天下午，埃里克从超市买了去骨鸡胸肉，一回到家，帕梅拉就抱怨道:"你在超市花了很多钱!你不知道去骨鸡胸肉的价格是普通鸡胸肉的两倍吗?当我们的花费超出了预算时,我感到很不开心。"埃里克告诉她,他很抱歉让她这么生气,但和他们的总体预算相比,他认为她小题大做了。帕梅拉继续坚持说埃里克浪费了钱。争论以他气呼呼地走出厨房而骤然结束。

接下来的一年里,这对夫妻一起度过了许多快乐的时光,但偶尔也会发生争吵,基本是为了钱。帕梅拉发现自己一次又一次地抱怨埃里克花钱大手大脚。比如抱怨他的习惯:他离开房间时总是不关灯;晚上十一点以后长途话费会少点,而有一次他在晚上十一点前给他弟弟打了电话;尽管旧的皮手套状况还很好,但他买了一双新的皮手套。埃里克认为他妻子的抱怨没有道理——毕竟这些都是小钱,他们的储蓄已经远远超出了他们的预期。当然,他们必须小心谨慎,但他们远非一贫如洗。

随着时间的推移,帕梅拉发现自己提意见并没有让埃里克改变他的消费习惯,于是出现了一些对他们的婚姻有潜在危害的事情:她不再抱怨他的行为,而是开始批评他。对帕梅拉来说,埃里克的消费习惯不仅事关他们意见上的分歧。现在,当她发现埃里克买了一套新的杠铃时,她会说:"你知道我一整个冬天一直在和买一条围巾的欲望做斗争,你为什么还要买这些杠铃呢?你总是这样——只考虑你自己,考虑你自己的需求。因为你花得太多了,我总是不得不抗拒满足自己的需求!你就是不在乎。"

就这样,末日的第一个"骑士"——批评——潜入了他们的卧室。

从表面上看,抱怨和批评可能没有太大区别。但批评涉及带着指责去攻击一个人的个性或品格——而不是攻击其特定的行为。当帕梅拉说"你总是这样——只考虑你自己,考虑你自己的需求"时,她不仅抨击埃里克的行为,还指责他自私自利,无视她的牺牲。埃里克也开始批评帕梅拉:为什么她有这么多负能量?他整体来说非常节俭,而她却看不到。现在只是花了一点小钱,她为什么要没完没了地批评?他告诉她,她是那种从来都不会说出一点好话的人,只是存心想让他难受。

因为很少有夫妻能完全避免时不时地批评对方,所以即使是在相对健康的婚姻关系中,第一个"骑士"也会经常驻扎。其中一个原因是批评别人只是抱怨范围之外的一小步,而抱怨实际上是婚姻中可能出现的健康的活动之一。表达愤怒和不同意见——提出抱怨——虽然很少令人愉快,但从长远来看,比压制抱怨更能增加婚姻的稳固性。

如果你觉得自己的抱怨被人置若罔闻(或者你从未明确表达过抱怨),而你的伴侣一再重复做那些令人不快的事,那么麻烦就会出现。随着时间的推移,你的抱怨有可能愈演愈烈。在每一次的抱怨中,你可能都会翻旧账,列出之前没有得到解决的问题。最终,你会开始指责你的伴侣,批评他(她)的性格——而不是某个具体行为。或者,如果你一直抑制着自己不去抱怨,那么有一天这些抱怨可能会突然爆发,你会对伴侣进行一连串的批评。

一开始你可能会发现很难区分抱怨和批评。一般来说,批评意味着责备、人身攻击或指控,而抱怨则是对你觉得不如意的事情发表负面评论。简单地说,抱怨很容易以"我"开头,批评则以"你"开头。例如,"我希望现在就把衣服洗完,这样我就可以在商场关门之前赶到"是抱怨，而"你应该现在就把衣服洗完，你知道我今天想去商场"则是批评。这两者可能难以分辨，但听到批评确实比听到抱怨感觉更糟糕。批评比抱怨更有可能让你的伴侣产生防御心理。

在批评中，对伴侣品格的攻击可以通过多种不同的方式表现出来："你根本不在乎。""你总是把自己放在第一位。""你就是那种总找碴的人。"一种常见的批评形式是明确地对伴侣进行评判："你应该知道不应该让门廊的灯亮一整夜。""你不应该把咖啡渣放进垃圾处理器。""你应该为你对他说的那些话感到羞耻。""应该"这个词传递了一个强有力的信息：你几乎可以看到你的伴侣在你面前挑衅地摇动手指。

另一种常见的批评形式是提出一长串的抱怨。我把这称为"厨房水槽"，因为你会把所有你能想到的负面情绪都放进去，比如："我觉得你都不听我说话，你也不经常跟我有身体接触，我让你做些家务，你却不做。我感受不到一丁点的乐趣。"这种连珠炮式的抱怨和批评伴侣个性的效果是一样的，一长串的抱怨看起来是如此无孔不入，令人难以招架。

还有一种批评形式是指责伴侣不可靠，背叛了自己。"我信任你，让你平衡支票簿的支出，可你却让我失望，你怎么能这样对我？你总是这么冒冒失失，真让我吃惊！"相比之下，人们在抱怨时，并不一定会指责伴侣是罪魁祸首，抱怨更多是为直接表达自己对特定情况的不满。

在我的研究中，一个名叫爱丽丝的妻子发现，当她试图与丈夫谈论婚姻问题时，她几乎无法抑制住指责他的背叛。她对自己的性生活不满意，这一点尤其让她觉得难以启齿，因为她担心每当她提起这个话题时，丈夫就会开始辱骂她。这也确实是他通常采取的回应方式。但他生气的部分原因是她很快就会从抱怨转为指责，觉得他不可靠，这是一种特别令人反感的批评形式。

  爱丽丝：就在几个月前，我跟你说了我的感受（关于性），你却像全忘了似的。我以前可能告诉过你类似的事情，而你把它们都当耳旁风。当然，那是你喝酒的时候，然后你就什么都忘了。

  爱丽丝其实是在说，她觉得自己被背叛了：她把自己对性的担忧告知了丈夫，而他却置之不理。因此，她现在不再抱怨自己在性方面的具体担忧，而是指责他背叛了自己（为了稳妥起见，她还抨击了他之前酗酒的行为）。通过这样做，她把问题从对他们性生活的担忧升级到了对他品格的质疑，觉得他不可靠。

  与抱怨不同，批评往往是概括性的。如果在你们的交流中开始出现诸如"你从不"或"你总是"这样的通用短语，那就表明你们已经从抱怨滑向了批评。

批评还是抱怨？

  抱怨和批评有什么区别？

  抱怨是对愤怒、不满、痛苦或其他消极情绪的具体表述。例如，"我很伤心，你没有问我这一天过得怎么样，整个晚餐期间都在谈论你的一天"。

批评不那么具体,更有概括性,其中可能有指责。例如,"你从来没有对我或我的工作表现出任何兴趣。你就是不关心我"。

以下是一些典型的话语,可以进一步帮你区分抱怨和批评。请记住,当你抱怨时,你是在对事不对人,攻击特定的行动(或缺乏行动)。当你批评时,你是对人不对事。

> 抱怨:我们没有像我想的那样经常出去。
> 批评:你从不带我去任何地方。
> 抱怨:当我回到家,发现水槽里有脏盘子时,我很不高兴。今天早上我们说好了你来洗碗的。
> 批评:你又把脏盘子扔得厨房里到处都是,你答应过我不会的,我就是不能相信你,对吧?
> 抱怨:我以为你下班后会马上回家,但你没有,这让我觉得你更在乎和朋友一起出去玩,而不是和我在一起。
> 批评:我讨厌你这种人,你从来没想过打电话告诉我你要晚点回家,你总是把我晾在一边。你关心你的朋友胜过关心我们的婚姻。

如果这些关于抱怨和批评的描述让你想到自己的家庭场景,那么你并不孤单。从抱怨转到批评是很常见的。事实上,如果你回顾一下第二章中一些婚姻幸福的多变型夫妻之间的交流,你会发现他们的对话中偶尔会出现批评的例子。对有些人来说，批评如此自然而然，以至他们跳过抱怨，直接进行这些对个人的全局性的攻击。他们就是那些说"你工作不够专注"而不是"你的备忘录不够详细"的老板；是那些说"你就是没有能力保持浴室清洁，对吧"，而不是说"请你盖上牙膏盖子"的伴侣。

批评并不是邪恶的，它往往是压抑已久、无法排解的愤怒的表达，以一种很无辜的方式开始。它可能是所有个人关系中固有的自然自我毁灭机制之一。当批评变得十分普遍时，或者一方对此非常敏感时，它就会腐蚀婚姻。这时，问题就会出现。当这种情况发生时，就预示着另一个"骑士"——一个更不祥的"骑士"的到来。它可能会将你拖入婚姻的困境。

要了解你或你的伴侣是否过于挑剔，可以在争吵后立即尝试回答以下问题。

自我测试：你是批评者吗？

该测试考察你如何谈论困扰你的事情。如果可能的话，你在与你的伴侣进行讨论并出现分歧后，趁着还能清晰记得你的行为和感受，立即进行这项测试。或者，回想一下你们上一次争论的场景，尽可能详细地进行回忆：争论由何而起？你们各自说了些什么？当争论结束时，你的感觉如何？然后，就像你刚刚结束了讨论一样回答以下问题。同样，你和你的伴侣都应该进行这个测试，或者你应该想象你伴侣的回答进行第二次作答。

在刚才的讨论中:

1. 我认为确定谁有过错非常重要。

你:是 否　　你的伴侣:是 否

2. 我认为我有责任提出所有抱怨。

你:是 否　　你的伴侣:是 否

3. 作为我抱怨的一部分,我试着观察我们讨论的模式并分析伴侣的个性。

你:是 否　　你的伴侣:是 否

4. 直到感到很受伤时我才抱怨。

你:是 否　　你的伴侣:是 否

5. 我试图概括性地说明问题,而不是具体说到某一种情况或行为。

你:是 否　　你的伴侣:是 否

6. 除了讨论令我感到困扰的具体行为外,我还分析了伴侣的个性。

你:是 否　　你的伴侣:是 否

7. 我让问题积累了很长时间才抱怨。

你:是 否　　你的伴侣:是 否

8. 我对我的抱怨没有进行任何删减。我真的毫不保留地向我的伴侣表达了全部的不满。

你:是 否　　你的伴侣:是 否

9. 当我抱怨时,我的情绪非常激动。

你:是 否　　你的伴侣:是 否

10. 我抱怨的部分原因是把心里的事情发泄出来。

你:是 否　　你的伴侣:是 否

11. 我没有以中立的方式表达我的抱怨。

你：是 否　　　你的伴侣：是 否

12. 当陈述我认为错误的事情时，我并没有试图变得非常理性。

你：是 否　　　你的伴侣：是 否

13. 当我抱怨时，我内心的情绪像在爆炸。

你：是 否　　　你的伴侣：是 否

14. 当我抱怨时，我指出了伴侣的错误。

你：是 否　　　你的伴侣：是 否

15. 一旦我开始抱怨，就没有人能阻止我。

你：是 否　　　你的伴侣：是 否

16. 我对必须首先提出这些问题感到不满。

你：是 否　　　你的伴侣：是 否

17. 我很后悔我在抱怨时选择了欠考量的措辞。

你：是 否　　　你的伴侣：是 否

18. 每当我提出问题时，我知道我基本上是对的。

你：是 否　　　你的伴侣：是 否

19. 每当我提出问题时，我的目标就是让我的伴侣看到我是对的。

你：是 否　　　你的伴侣：是 否

20. 我的目标是让我的伴侣意识到问题并接受一些指责。

你：是 否　　　你的伴侣：是 否

21. 当我抱怨时，我会使用"你总是"或"你从不"之类的短语。

你：是 否　　　你的伴侣：是 否

评分：如果你选择的"是"多于七个，那么你可能是批评者。记住，批评本身并不是恶意的——抱怨转为批评是很容易的。将批评改为抱怨的具体建议，参见第七章。

批评者
是　　否

你

你的伴侣

第二个"骑士"：蔑视

到了结婚一周年纪念日，埃里克和帕梅拉仍然没有解决他们的财务分歧。不幸的是，他们的争吵变得越来越频繁，也越来越对人不对事。帕梅拉对埃里克感到厌恶。在一次特别恶劣的争吵中，她尖叫起来："你为什么总是这么不负责任？你从来不注意自己花了多少钱，你太自私了！"埃里克忍无可忍，反驳道："噢！闭嘴！你就是个不懂生活的小气鬼，我真不知道怎么会和你在一起。"这时，第二个"骑士"——蔑视——粉墨登场了。

蔑视和批评的区别在于你是否有意侮辱并对你的伴侣进行心理虐待。你的言语和肢体语言都是对伴侣自我意识的侮辱，助长这些蔑视行为的是你对伴侣的负面想法——他（她）是一个愚蠢的、恶心的、无能的傻瓜。这些信息以直接或间接的方式与批评一起传达。

帕梅拉自己也很惊讶,在他们的争吵中,埃里克可以轻易地按下她的愤怒按钮,事后,她常常为自己对他的厌恶感到既理直气壮又羞愧难当。

起初,这对夫妻的主要矛盾是消费习惯不同,但由于这个问题一直得不到解决并不断升级,他们的愤怒开始蔓延到其他领域。当这种情况发生时,他们往往不再互相钦佩,也不再记得他们最初相爱的原因。因此,他们很少再赞美对方,也很少表达对彼此的爱慕。他们关系的主要特征变成了互相辱骂。这种蔑视改变了他们结合的积极方面并破坏了他们婚姻的稳定。

帕梅拉和埃里克的经历并不罕见。当蔑视开始压倒你们的关系时,你往往会完全忘记你伴侣的优秀品质,至少在你感觉心烦意乱的时候是这样。你记不清他(她)的任何一个积极的品质或行为了。由于蔑视会让夫妻间的钦佩感骤降,所以夫妻应该在互动中杜绝蔑视。以下是一个例子:

埃里克:噢,那么,帕梅拉,你现在对我有什么看法?

帕梅拉:我通常抱怨你从来不听我的。我们有财务需求,不能再拖延了。我们需要一个假期,非常需要一个假期。但你总是选择性忽视这个问题,不是吗?

埃里克:亲爱的,如果你在花钱上更加小心一点,也许我会更愿意听你的。

帕梅拉:我对花钱很谨慎。如果你给我们家贡献更多的钱,那么我就没有必要像你说的那么小心了。

埃里克：嗯，我不知道我娶了一位公主。

帕梅拉：嗯，我不知道我嫁了一个失败者。

识别你或你的伴侣是否在表达蔑视并不难。最常见的迹象如下。

侮辱和谩骂。这些辱骂很难被忽视：泼妇、恶棍、混蛋、窝囊废、胖子、蠢货、丑八怪。有些夫妻比较粗鲁，有些则更有创意，但结果都是一样的。在婚姻中，这些词语是非常危险的攻击性武器，应该被禁止使用。

敌意满满的幽默。这里的轻蔑被掩盖在喜剧的薄薄面纱中。爱德华·阿尔比的黑色喜剧《谁害怕弗吉尼亚·伍尔夫？》讲述了一段曲折离奇的婚姻，剧中充满了夫妻间的针锋相对。乔治是一名历史教授，他的妻子玛莎是大学校长的女儿。戏剧化的一幕就发生在一天晚上，玛莎当着客人的面羞辱乔治，指出他尽管长期在历史系任职，但还没有升任历史系主任，更别说校长一职。她神采奕奕地告诉客人，丈夫在历史系"陷入困境"，然后开始称他为"沼泽"。为了报复，乔治告诉她："在我眼中，玛莎，你被埋在了水泥里，水泥一直到你的脖子。不……一直到你的鼻子……这样你就安静多了。"

嘲讽。这是微妙的贬低艺术。伴侣的言语或行为被嘲笑，代表他（她）不值得被尊重或信任。例如，丈夫对妻子说"我真的很在乎你"，妻子讽刺地回答："噢，当然，你是真的很在乎我。"

肢体语言。蔑视是通过一些最微妙的形式，比如面部肌肉的一些快速变化来传达的。蔑视或厌恶的迹象包括冷笑、翻白眼和弯起上唇。在我们的研究中，面部表情有时是夫妻之间出现问题的最清晰线索。例如，当丈夫倾诉不满时，妻子可能会安静地坐在一旁，偶尔来一句"说吧，我听着呢"，但与此同时，她却在抠裙子上起的球和翻白眼。她的真实感受——蔑视——是用肢体语言表达出来的。

要了解你或你的伴侣是否已经从批评转向蔑视，请在发生意见分歧后立即进行以下的自我测试。同样，如果你的伴侣不做测试，你可以做两次：

以这样的方式认真审视自己可能会很困难，但长期的回报是更美满的婚姻关系。

自我测试：缺乏尊重

根据你总体上是同意还是不同意，在每个条目下选择"是"或"否"。

1. 当我们讨论婚姻中的问题时，我想不出我的伴侣有什么值得我钦佩的地方。

　　你：是 否　　　　你的伴侣：是 否

2. 当我心烦意乱时，我可以看到伴侣品格中的明显缺陷。

　　你：是 否　　　　你的伴侣：是 否

3. 我只是不尊重我的伴侣做的一些事情。

　　你：是 否　　　　你的伴侣：是 否

4. 我试图指出我的伴侣在特定情况下的不足之处。

　　你：是 否　　　　你的伴侣：是 否

5. 我很难为伴侣的品质感到自豪。

你：是 否　　　　你的伴侣：是 否

6. 在讨论过程中，我发现自己贬低了我的伴侣。

你：是 否　　　　你的伴侣：是 否

7. 我的伴侣做事的方式并没有太多值得尊敬的地方。

你：是 否　　　　你的伴侣：是 否

8. 我的伴侣有时会很傲慢。

你：是 否　　　　你的伴侣：是 否

9. 当我的伴侣充满负能量时，我发现自己在构思侮辱性的话语，好进行反击。

你：是 否　　　　你的伴侣：是 否

10. 我的伴侣有时会自鸣得意。

你：是 否　　　　你的伴侣：是 否

11. 我的伴侣太固执，不愿妥协。

你：是 否　　　　你的伴侣：是 否

12. 当我的伴侣对我不满时，我想扭转局面并反击。

你：是 否　　　　你的伴侣：是 否

13. 我忍不住觉得我的伴侣的行为有很多愚蠢之处。

你：是 否　　　　你的伴侣：是 否

14. 当我有异议时，我很难理解我的伴侣的观点。

你：是 否　　　　你的伴侣：是 否

15. 当我们讨论问题时，我常常没有对伴侣表现出尊重。

你：是 否　　　　你的伴侣：是 否

16. 我只是厌倦了所有的消极情绪。

你：是 否　　　　你的伴侣：是 否

17. 我对伴侣的态度感到厌恶。

你：是 否　　　　你的伴侣：是 否

18. 我的伴侣有时很愚蠢。

你：是 否　　　　你的伴侣：是 否

19. 我不赞成我的伴侣的行为。

你：是 否　　　　你的伴侣：是 否

20. 我的伴侣有时会很无能。

你：是 否　　　　你的伴侣：是 否

21. 当我的伴侣能力不足时，我很难尊重他（她）。

你：是 否　　　　你的伴侣：是 否

22. 当我的伴侣对我感到不满时，我会想到我在这段婚姻中感到失望的方方面面。

你：是 否　　　　你的伴侣：是 否

23. 我的伴侣可能非常自私。

你：是 否　　　　你的伴侣：是 否

24. 当我的伴侣表露一些消极的情绪时，我常常感到义愤填膺。

你：是 否　　　　你的伴侣：是 否

25. 当我被抛弃时，我会想办法报复。

你：是 否　　　　你的伴侣：是 否

26. 当我看到伴侣身上明显的缺点时，我就记不起他（她）的优点了。

你：是 否　　　　你的伴侣：是 否

评分：如果你选择的"是"多于七个，你可能是个蔑视的"惯犯"。

<table>
<tr><td></td><td colspan="2">蔑视</td></tr>
<tr><td></td><td>是</td><td>否</td></tr>
<tr><td>你</td><td></td><td></td></tr>
<tr><td>你的伴侣</td><td></td><td></td></tr>
</table>

请记住，即便在最美好的关系中，有时候我们也会过于挑剔。同时，我们要意识到，偶尔以轻蔑的方式陈述批评是人类的常态。如果你的评分表明蔑视是你的一个问题，请务必阅读下一章关于内心脚本的内容，这将帮助你理解为什么你经常以蔑视的态度回应伴侣，并为你走向改变之路提供帮助。

简而言之，要消除你的蔑视，最好的方法是不再将与伴侣的争吵视为一种报复或展示你道德立场优越性的方式。相反，如果你能向你的伴侣明确表达抱怨（而不是攻击对方的品格），并适当地表达对你的伴侣的欣赏（而不是蔑视），那么你们的关系就会得到改善。关于如何将这些建议应用于你们的关系，请参考第七章的具体信息。

第三个"骑士"：防御

对埃里克和帕梅拉而言，一旦蔑视进入他们的家庭，婚姻状况就每况愈下。

一个主要原因是第三个"骑士"——防御——会紧随其后。当他们中的任何一方表现出轻蔑的行为时,另一方会做出防御性的反应,这无异于火上浇油。更糟糕的是,现在他们都觉得自己是受害者,而且都不愿意承担改善状况的责任。事实上,他们都不断地辩称自己是无辜的。

  帕梅拉:所以,你又没有按时支付信用卡账单,现在我们必须支付罚款。我不知道我为什么会和这样一个不负责任的男人在一起。
  埃里克:这个月轮到你付账单了,不是我。
  帕梅拉:现在你要撒谎来脱身?
  埃里克:你才是骗子!上个月我们说好了这个月的账单由你来处理。
  帕梅拉:那是因为你太不负责任,不值得信任。但我下个月才开始还款。
  埃里克:不是这样的。
  帕梅拉:你说够了没有!

在这次讨论中,帕梅拉和埃里克之间发生的事情是蔑视导致防御的典型案例。大家很容易理解为什么会发生这种情况。如果你受到侮辱的轰炸,自然的倾向是保护自己免受攻击。"让我静静,让我静静。你凭什么挑剔我?我没有做错任何事。这不是我的错。"这已经形成一种条件反射,就像有虫子在你身边嗡嗡叫时,你会眨眨眼睛;如果你要挨打,你会快速移动身体。

事实上，当感到被攻击时，防御是一种可以理解的反应，而这也是它如此具有破坏力的原因之一——"受害者"并不认为防御有什么问题。但是防御性的措辞以及它们所传达的态度往往不会解决任何问题，反而会加剧冲突。如果你处于防御状态（即使你感觉自己的立场完全正确），你的婚姻问题就会加剧。

当有些人的伴侣试图与他们沟通时，他们并没有意识到自己的防御性有多强。扮演无辜受害者的形式有很多种，有些比其他形式更微妙。虽然防御在回应蔑视时尤其常见，但有些人也以这种方式对批评甚至中立的抱怨做出反应。如果你或你的伴侣经常表现出以下任何一种防御行为，那么第三个"骑士"就已经潜入了你们的关系中。请记住，无论防御以何种方式表现出来，从根本上说，它都是一种保护自己和抵御感知到的攻击的尝试。但是，这并不意味着你和你的伴侣是坏人，故意破坏你们的关系。如果熟悉了各种形式的防御迹象，当它们出现在你们的讨论中时，你将能够更好地识别它们。

否认责任。无论你的伴侣指责你什么，你都毫不含糊地坚称不是你的错。如果你的伴侣抱怨家里总是很脏，你会回答说这不是你的错，因为你不可能揽下所有的事情。如果你的丈夫因为你不洗衣服而对你大喊大叫，你反驳说你从来没有说过你要洗衣服。如果你的妻子说你在聚会上说的一些话伤害了她的感情，你回答说你没有说错什么。

找借口。在这种防御策略中，你声称无法控制的外部环境迫使你以某种方式行事。当你的丈夫攻击你不负责任并且总是迟到时,你的回答是:"我不能按时回家,因为高速公路被封锁了。""但你为什么不选择其他路线或多留点时间呢?"你的妻子称你为骗子,因为你没有告诉她你拿了奖金。你的回答是:"如果我告诉你,你就会把它全部花掉。"

消极诠释。有时,你的伴侣会对你的私人感受、行为或动机做出假设。这种"读心术"在以消极的方式进行传递时,可能会引发你的防御心理。在下面的交流中,布鲁斯一直在猜测妻子对他花在爱好(写科幻小说)上的时间的负面感受。当他扭曲她的观点时,她变得越来越有防御性。

　　布鲁斯:嗯,你对此有何看法?你讨厌它。我知道你讨厌它!(消极诠释)

　　娜奥米:我并不是讨厌它,我只是不愿意看到你的艺术细胞被浪费。

　　布鲁斯:但你现在认为我会在科幻小说中浪费我的艺术细胞。(消极诠释)

　　娜奥米:没有,我没有那么认为。我知道那是你喜欢做的。

　　布鲁斯:但是你不认为那是一种浪费吗?

　　娜奥米:我不认为。

互相抱怨:这是成人版的"你老爸也是这样",你用自己的抱怨来直接回应伴侣的抱怨(或批评),完全无视伴侣所说的话。举例如下。

苏：我们再也不会请人来吃晚饭了。你太孤僻了。

鲍勃：不，只是你从来不打扫卫生，所以我们才可以打扫。

杰森：你姐姐每周六都过来，我不喜欢。

阿曼达：嗯，你隔天晚上就会去趟健身房，我不喜欢。

史蒂夫最近购买了一支枪，没有告诉劳伦。当谈论这件事时，他们陷入了互相抱怨的陷阱。他知道枪支会让她不安。更糟糕的是，他几个月来一直在隐藏枪支和他支付的款项。

劳伦：你竟然能瞒着我，这真让我生气，我以为我们之间没有秘密。

史蒂夫：还记得你买汽车座椅的事吗？当时你瞒着我，以为在付清之前我会不高兴。

"橡皮男""橡皮女"。还记得小孩子耍嘴皮时说的那句话吗？——"我是橡皮，你是胶，你诅咒我的话都会反弹回去，粘在你自己身上。"在做出某些举动时，你不仅进行了自我防御，还指责了伴侣。因此，如果你的伴侣说他（她）觉得你在派对上的行为很粗鲁，你会立即反驳："我很粗鲁？你是那个连给我妈妈寄一张生日贺卡都不记得的人。"

这种防御最明显的形式听起来就像下面这样。

鲍勃：真懒！你从来不帮忙洗碗。

苏：才不是，是你从来不帮忙。

有时信息更微妙。例如，"橡皮人"卡尔和妻子莎拉正在讨论卡尔的酗酒问题。

莎拉：当你喝得太多的时候，你就不再善于与人相处了，我感觉与你疏离。这就是我害怕的点。

卡尔：你发脾气的时候呢？那有什么不同吗？

莎拉：你为什么质问我？

卡尔：因为我想知道当轮到你而不是我时，你是怎么感觉的。

卡尔为了保护自己免受攻击，把矛头转向了他的妻子，说她才是那个不善于与人相处的人。

是的——但是。"是的——但是"是指以同意开始但最终变成不同意的陈述。假设你认为自己做了一些不应该做的事情，但你有一个在道义上站得住脚的理由，这个理由远远超过了你的过失，你就会进行这种陈述。

萨姆：你说你要给油箱加满油，但你没有！

艾伦：是的，但那是因为我必须及时回家给你爸妈做晚饭。

梅琳达：你再一次让我失望了。你上周就应该付电话费的！

安东尼：是的，但我在等你告诉我你存了一笔银行存款。

自我重复。一些夫妻深谙如何使用这种技巧，而不是试图理解对方的观点；他们只是一遍又一遍地重复说明自己的立场。双方都认为自己是正确的，认为试图理解对方的观点是浪费时间。在下面的例子中，乔纳森和玛丽亚试图讨论他是否经常打高尔夫球。她一直说他确实经常打，而他则一直说他并没有。就这样，他们的讨论并没有任何进展。

玛丽亚：我觉得周末打一天没问题，但一周打三四个晚上就太多了。

乔纳森：这并不算多，这是最低限度。

玛丽亚：当你有两个需要你回家吃饭的儿子时，就不是了。

乔纳森：我也想一直在家吃晚饭，但高尔夫球必须定期打。

玛丽亚：好吧，你没必要平时打三四次后周末还要打。对一个年轻的家庭来说，这太频繁了。

乔纳森：我必须保持打球的频率，只是偶尔打一次的话根本没意思，我不想放弃打高尔夫球。

两个人都在不停地重申自己的观点，却丝毫不理会对方在说什么。他们希望，如果他们足够频繁、大声地表达自己的意见，那么最终对方就会明白自己的立场是明智的，从而默认自己的观点。

发牢骚。这里不是指说了什么，而是指怎么说——孩子气地、带着上扬的声调和重读的字词。"你从来不带我去任何地方。""我告诉过你让你去看医生。""你为什么不听我的？"这些话传达的信息是："这不公平。你为什么要找我的碴？我没有做错任何事。我完全是无辜的。"

凯伦在与丈夫比尔谈论凯伦母亲每个月寄给他们的钱时，就陷入了这种模式。虽然数额不大，但比尔却对此感到不满，很大程度上是因为他的父母根本不帮他们。

比尔：我的意思是我不想要钱，好吗？当你给她打电话时，别谈论账单什么的。

凯伦：我没有，一直都没有。

肢体语言。防御性的身体表现包括假笑（嘴角上扬，但眼睛没有变化）、左右移动身体（好像在躲避拳头）以及双手交叉放在胸前。有时，有防御感的女性会触摸自己的脖子，就好像她们戴着项链一样。

防御的不同种类

防御的本质是自我保护，是在感知到攻击时进行抵御的自然反应。

类别	例子
●否认责任	"不是我的错。" "都是你的错。"
●找借口	"那只狗把我的差事清单吃了。" "我没法子不迟到。如果你能按你说的把车修好，我就不会迟到了。"
●消极诠释	你的伴侣："你在我妈妈面前总是很紧张。" 你的防御性反应："我没有。""当她批评我的时候，如果你肯站出来为我说话，我就不会那么紧张了。"
●互相抱怨	你的伴侣的抱怨："我们不再一起出去了！" 你的抱怨："你从来都不想做爱！"
●"橡皮男""橡皮女"	你的伴侣："你不听我的。" 你："是你不听我的。"
●是的——但是	"是的，我们可以试试，但是这很不现实。"
●自我重复	"帕梅拉，我一直在说我认为我们应该多省钱，少旅行。"
●发牢骚	我们都熟悉发牢骚的声音，但即使你不用那个声音表现自己像个无辜的受害者以示难过，你仍然可能在发牢骚。发牢骚传达的信息是："你为什么找我的碴？"
●肢体语言	双臂叉腰或交叉在胸前。双手触摸颈部。

当然，防御的主要问题在于它阻碍了沟通。你们的讨论变成了互相为自己辩护而不是理解对方的观点。问题没有得到解决，所以冲突会继续升级，更多以攻击和防御为特征的讨论接踵而至。要确定你或你的伴侣是否过度防御，请进行以下的自我测试，最好在发生分歧后尽快做测试。

自我测试：你的防御性如何？

这个自我测试是测试当你的伴侣提出问题时，你是否进行防御性的回应。尽量回忆一下争论后你的实际行为、感受和想法。对自己诚实非常重要。根据你总体上是同意还是不同意,在每个条目下选择"是"或"否"。再次说明,如果你的伴侣没有进行测试,你应该进行两次测试。

1. 当我的伴侣抱怨时,我感觉受到了不公平的对待。

你:是 否　　　你的伴侣:是 否

2. 我感觉被误解了。

你:是 否　　　你的伴侣:是 否

3. 我没有觉得我做的所有积极的事情都得到了赞扬。

你:是 否　　　你的伴侣:是 否

4. 出了问题其实并不是我的责任。

你:是 否　　　你的伴侣:是 否

5. 为了避免受到责备,我必须解释问题为什么会出现,以及是怎么出现的。

你:是 否　　　你的伴侣:是 否

6. 当我的伴侣情绪消极时,我感觉受到了不公平的对待。

你:是 否　　　你的伴侣:是 否

7. 当我的伴侣抱怨时,我意识到我也有一场抱怨需要被听见。

你:是 否　　　你的伴侣:是 否

8. 我的伴侣的消极情绪变得太强烈、太多、太不成比例。

你:是 否　　　你的伴侣:是 否

9. 我的伴侣太敏感,感情太容易受到伤害。

你:是 否　　　你的伴侣:是 否

10. 我的伴侣的抱怨有一定道理,但这并不是全部的事实。

你:是 否　　　你的伴侣:是 否

11. 当我的伴侣抱怨时,我想:我是被无辜指控的。

你:是 否　　　你的伴侣:是 否

12. 当我的伴侣抱怨时,我觉得我必须"抵御"这些"攻击"。

你:是 否　　　你的伴侣:是 否

13. 我觉得有义务否认针对我的不准确的抱怨。

你:是 否　　　你的伴侣:是 否

14. 当我听到伴侣的抱怨时,我想到了自己没有引起注意的抱怨。

你:是 否　　　你的伴侣:是 否

15. 我的伴侣对问题的看法太以自我为中心。

你:是 否　　　你的伴侣:是 否

16. 我想:你说的话只会反弹到你身上。

你:是 否　　　你的伴侣:是 否

17. 当我的伴侣抱怨时,我试图想办法保护自己。

你:是 否　　　你的伴侣:是 否

18. 当我的伴侣抱怨时,我想了一个办法来重新解释我的立场。

你:是 否　　　你的伴侣:是 否

19. 当我的伴侣抱怨时,我想如果我的立场真正被理解,我们就不会有这些问题。

你:是 否　　　你的伴侣:是 否

20. 我的伴侣唯一能做的似乎就是挑剔我。

你:是 否　　　你的伴侣:是 否

21. 有时感觉我的伴侣像拿着棒球棒向我走来。

你：是 否　　　你的伴侣：是 否

22. 在一场激烈的争吵中，我一直在想办法报复。

你：是 否　　　你的伴侣：是 否

评分：数一数你选了多少个"是"。如果数量大于等于七，那么你很可能是一个防御性很强的人。即使在最美好的关系中，有时也很容易感觉受到攻击。防御性强的人经常用一种内心的思想脚本来维持他们的痛苦。这将在下一章中得到详细解释。一般来说，防御性强的人觉得自己是无辜的受害者：被冤枉，被误解，受到不公平的对待，不被欣赏。

防御性强

是　　　否

你

你的伴侣

摆脱防御心理的第一步是不再将伴侣的话视为攻击，而是将其视为强烈表达的信息。尝试去理解和同情你的伴侣。诚然，当你感到被攻击时，这很难做到，但这是有可能做到的，而且也会产生神奇的效果。研究表明，当你的伴侣预测你会做出防御性反应时，如果你能真正地敞开心扉、乐于接受，那么当出现分歧时，你的伴侣就不太可能批评你或做出轻蔑的反应。

当然，这种变化不会在一夜之间发生。习惯了做防御性反应的伴侣一开始可能会感到非常惊讶并不信任你。他（她）可能会将抱怨升级，以此来试探你。但是，如果你始终保持不设防的态度，你的伴侣最终会接收到积极的信息。有关如何克服防御心理的详情，请参考第七章。

第四个"骑士"：设阻

埃里克和帕梅拉的关系已接近谷底。埃里克被帕梅拉的攻击弄得精疲力竭，最终不再对她的指责做出回应，哪怕是防御性的回应都不再有。他们的婚姻最初因沟通不畅而受损，现在到了几乎因没有沟通而毁灭的地步。一旦埃里克不再听帕梅拉讲话，他们的关系就变得异常难以修复。每次对抗都不再是就事论事，而是帕梅拉对埃里克大喊大叫，说他把她"拒之门外"。"你什么都不说，只是坐在那里，我就像在和一堵砖墙说话。"有时埃里克根本不做任何反应，有时他只是耸耸肩或摇摇头，说："我和你在一起永远都不会有正确的时候，你总是对的。"说完这句话后，他通常会离开房间。埃里克的退出预示着第四个"骑士"——设阻的到来。

一天晚上，埃里克下班回到家后非常疲惫。这天早些的时候，他一直在想着帕梅拉，决定给她买一些花。但后来他工作到比较晚，赶回家的路上又遇到交通堵塞，所以晚饭吃得很晚。他担心帕梅拉会生气，因为她的抱怨之一就是他们不能按时吃晚饭。他希望能避开她的情绪爆发。

不幸的是,帕梅拉度过了非常煎熬的一天——她答应照顾姐姐六岁的孩子娜奥米。但娜奥米那天却像个大魔王。她不仅不听从帕梅拉的任何要求,甚至试图在商场里逃跑,后来娜奥米哮喘发作,帕梅拉不得不赶紧把她送到急诊室。帕梅拉根本没有时间做晚饭,而埃里克回家还迟了,这次他又懒得打电话说一声。当埃里克走进门时,帕梅拉把一天的郁闷全都发泄到了他身上。

帕梅拉:你又回来得这么晚!

埃里克:堵车了。抱歉。晚餐吃什么?

帕梅拉:今天我已经受够了压力和失望。这真是糟糕的一天。如果你知道自己要迟到了,你不认为你可以考虑给我打个电话吗?关于这个问题,我们已经讲过一百遍了。

埃里克:我没有给你打电话的时间。

(埃里克拿起报纸并开始阅读。)

帕梅拉:你回家晚难道不是因为你工作到很晚吗?并不是因为堵车。

(经过长时间的停顿,埃里克试图控制自己的脾气。)

埃里克:是的,我工作到很晚,是的,我不体贴人,但我又饿又累。晚餐吃什么?

帕梅拉:我有消息告诉你,先生,我们要出去吃。我已经在阿尼餐厅预订了晚上八点的位置。

(帕梅拉抓起埃里克的报纸并揉成一团。)

埃里克：我可不想听你胡扯。我要去喝一杯。再见！

（埃里克冲出家门，去了当地的一家小酒馆。）

设阻经常发生在夫妻俩谈话的时候。设阻的那个人通过变成一堵墙把自己从谈话中移除出去。通常，听者会对说话者的话做出反应，看着说话者，然后说"嗯嗯"或"嗯哼"之类的话，让说话者知道他正在听。但设阻者不会传达这些讯息，取而代之的是冷冰冰的沉默。

当我们采访设阻者时，他们经常声称自己试图保持"中立"，而不是让事情变得更糟。他们似乎没有意识到设阻本身是一种非常强烈的行为：它传达了不赞成、冰冷的距离感和自以为是的态度。与一个设阻的听众交谈是非常令人沮丧的。男人尤其擅长对女人设阻，而女人对男人设阻的状况则较少发生。大多数男人似乎不会在妻子对他们设阻时有生理上的反应，但当丈夫设阻进行冷暴力时，妻子的心率会急剧上升。大多数设阻者是男性，比例高达百分之八十五！因此，这是女性与男性相处时会面临的主要问题。

有些设阻者在伴侣对他们感到不满时根本不会做出反应，有些人可能只会咕哝几个字或迅速转移话题。在某些情况下，拒绝回答者可能会主动从争执中抽身，就像埃里克一样。但不管是哪种设阻者，他们向伴侣传达的信息都是一样的：我正在后退，不再与你进行任何有意义的互动。如果夫妻任何一方在出现冲突时拒绝沟通，婚姻关系就很难修复。

第四个"骑士"并不一定标志着关系的终结。但如果你们的关系已经恶化到这种程度，这意味着你们面临着非常大的风险，可能会进一步陷入婚姻的倾覆——在你们的关系中被负面情绪淹没，最终分居、离婚，或者在同一个家里过着孤独而平行的生活。一旦第四个"骑士"成为常客，你们就需要付出大量的努力，进行深刻的反省，才能挽救婚姻。

我们的研究结果表明，男性比女性更有可能成为设阻者。我认为，原因可能是生理上的不同。男性在生理上往往比女性更容易因婚姻紧张而不知所措——例如，在发生冲突期间，男性的脉率和血压更有可能上升。因此，为了保护自己的健康，男性可能感到一种更强烈的逃离与伴侣的激烈冲突的需求，这种需求也许出于本能。（关于性别差异如何影响婚姻困境的更多信息，请参考第五章。）但是，一旦任何一方养成了设阻的习惯，婚姻就会变得不堪一击。

请记住，在激烈的婚姻交流中，任何人都可能偶尔设阻。这里的关键词是"习惯性"。为了判断你或你的伴侣是否有设阻过头的倾向，你们应该在一次争论后尽快共同进行以下的自我测试。

自我测试：设阻

这个简短的测试将帮助你确定在婚姻中起冲突时，你是否倾向于设阻。根据你对下面每项陈述的基本同意程度，回答"是"或"否"。如果你的伴侣没有进行测试，请你进行两次测试。

1. 当我的伴侣抱怨时，我觉得我只想远离这些垃圾情绪。
你：是 否　　　　你的伴侣：是 否

2. 我必须控制自己，不要说出我的真实感受。

你：是 否　　　　你的伴侣：是 否

3. 我会想：最好后退，以免发生大的争执。

你：是 否　　　　你的伴侣：是 否

4. 我后退，试图冷静下来。

你：是 否　　　　你的伴侣：是 否

5. 当我们大吵大闹时，我只想离开。

你：是 否　　　　你的伴侣：是 否

6. 当我的伴侣负面情绪很多时，我认为最好根本不回应。

你：是 否　　　　你的伴侣：是 否

7. 我后退，不愿意让自己的感情受到伤害。

你：是 否　　　　你的伴侣：是 否

8. 我认为有时候后退是最好的解决办法。

你：是 否　　　　你的伴侣：是 否

9. 我想知道为什么小问题突然演变成了大问题。

你：是 否　　　　你的伴侣：是 否

10. 当我的伴侣的情绪似乎失控时，我就退出了。

你：是 否　　　　你的伴侣：是 否

11. 我会想：我不必接受这种待遇。

你：是 否　　　　你的伴侣：是 否

12. 我不想煽动冲突，所以只是坐下来等待。

你：是 否　　　　你的伴侣：是 否

13. 我们在进行讨论时变得不再理性，我会对此很厌恶。

你：是 否　　　你的伴侣：是 否

评分：如果你选择了四个或四个以上的"是"，你可能是个设阻高手。

设阻
是　　否

你

你的伴侣

有时，人们感到不知所措，并想要逃避冲突，或者因为害怕加剧紧张关系而选择不回应。设阻者常常认为自己只是在保持中立，而不是反对或排斥对方。但人们需要意识到，在争论中退缩是一种非常强烈的行为。当你不提供反馈（通过口头互动或只是简单地点点头）时，说话者会感到非常不安。他（她）的反应通常是变得更加心烦意乱。这种情况下，最好的方法或许是坚持下去，说出你想逃离的感觉，而不是真正根据情绪采取行动。关于如何应对设阻，请参考第七章。

消极的循环

"四骑士"对婚姻的致命危害不在于它们令人不快,而在于它们强烈干扰了夫妻之间的沟通。它们制造了一种由不和谐与其他负面情绪构成的循环,并持续循环下去。如果你不理解发生了什么,就很难打破这种循环。埃里克和帕梅拉就是一个典型的例子。当他们从抱怨具体行为转向批评对方的内在时,他们幸福的婚姻受到了损害;接着,他们缓慢而自然地转向有蔑视感并表达蔑视。毫不奇怪,这种双向的心理虐待使他们更难以专注地倾听对方的观点。相反,他们会通过自我防卫来回应恶意攻击。他们各自认为自己是无辜受害者,而自己的伴侣是邪恶暴虐的人物。当感到自己被围困时,谁会愿意去倾听别人的观点呢?最后,埃里克被压力与紧张压得喘不过气来,从而停止与妻子的互动。他开始设阻。一旦埃里克和帕梅拉的关系从沟通不良发展到几乎没有沟通,这段关系就接近终点了。

最终,埃里克和帕梅拉各自感到伤痕累累、充满防御性,变得只能听到对方所说的消极内容。于是,和一个消极反应相碰撞的是另一个消极反应,构成了一个长期循环,他们似乎没有办法走出这个循环。他们之间到底发生了什么呢?

在每段婚姻中都有不是那么如意的一些互动。幸运的是,在大多数关系中,都有解决问题的方法,我称其为修复机制,也就是试图改善状况的方式。通常，这些是有关沟通过程本身的评论，比如："请让我说完""我们偏离了话题"或"那伤害了我的感情"。

人们在感到沮丧和愤怒时，往往是最需要进行这些修复尝试的。因此，这些修复尝试的话语常常带有一些恼怒或伤害的意味，甚至伴随着侮辱或威胁，但它们仍然是修复机制。在运作良好的婚姻中，这些消息的负面部分将被忽略，因此修复尝试会奏效。但在被消极循环所困扰的婚姻中，两个人似乎无法忽视消极情绪（也许那就是他们听到的全部），会以一个消极声明和修复尝试来回应。在令人满意的婚姻中，即便一方恼火地说"我们偏离主题了"，也可以得到稳定的回应。"对不起，让我们回到对预算的讨论上来。"而在一个病态的婚姻中，如果一方恼火地说出"我们偏离主题了"，得到的回应则会是"我才不在乎我们是否偏离了那个愚蠢的话题！我想说的是……"

幸运的是，爱情故事不必因"四骑士"的到来而画上句号。即使在这种极度令人痛苦的状态下，婚姻仍然有药可救。

婚姻乱状与复杂性

从表面上看，蔑视或防御可能会破坏夫妻之间的沟通，这似乎是显而易见的常识。但通过我们的研究，我们已经准确地了解了这是如何发生的——蔑视或防御对婚姻的影响并不是那么显而易见的。当我们比较婚姻稳定健康的夫妻如何争吵和婚姻陷入困境的夫妻如何争吵时,我们发现了一个差异。幸福的夫妻在争吵中会使用某些短语和行为来防止消极情绪失控。实际上,这些和解的姿态即修复机制,在紧张时期可以充当黏合剂,帮助夫妻维持婚姻的稳定。"四骑士"会阻碍夫妻使用这些帮助手段,从而给婚姻造成伤害。

不同的夫妻会采用不同类型的修复机制。不过,修复机制通常涉及在互动时评论正在发生的事情,或者提醒你的伴侣,尽管有冲突,你仍然钦佩并能够理解他(她)。一些典型的修复机制包括说"是的,我明白了""嗯嗯""继续说下去"——关系稳定的夫妻都是进行这种心理安抚的大师。多变型夫妻也会使用它们,而回避型夫妻则不需要使用它们,因为他们很少会让局面变得那么紧张。

修复机制还包括诸如"别打扰我""那不是我们谈论的主题,我们正在讨论如何让房子保持整洁,而不是我们是否负担得起度假费用"或"当你说我更胖时,这真的伤害了我的感情"。稳定的夫妻在争吵时会使用许多不同类型的修复机制,这在第八章中有更详细的描述。在这一点上,重要的是要知道这些机制可以对抗防御并缓解紧张局势。没有它们,婚姻可能会变得像一台配有破损温控器的强力加热系统。如果不进行内部检查或调节,它就有爆炸的危险。

夫妻关系之所以会偏离轨道,一个重要原因是夫妻俩无法在愤怒和焦虑的喧嚣中感受到对方修补裂痕的尝试。修复机制通常不会以非常彬彬有礼的语气展现。事实上,在研究过程中,我发现,即使是幸福的夫妻,他们的互动也可能十分粗鲁:这是一项令我吃惊的发现。虽然婚姻咨询师可能会建议说像"亲爱的,请与我分享你的感受"这样优雅的话语,但现实生活中的修复机制常常伴随着咆哮、哀号或抱怨。例如，妻子可能不会说"请听我说"，而是命令式地说："你能停止打断我说话吗？"丈夫大声喊道："是的，所以，说吧！"幸运的是，夫妻俩并不需要总是相敬如宾才能使修复机制奏效。

　　一些人之所以拥有稳定的婚姻，可能仅仅是因为他们擅长听出伴侣声音中的积极信息，或者至少听出勉强和解的信息。他们会对修复机制做出反应，而不是对其痛苦的涂层做出反应。在不稳定的婚姻中，夫妻俩可能会非常努力地找出关系中存在的问题，但他们会被彼此的负面信息分散注意力。他们可能会尝试修复互动，但负面信息却阻碍了他们前进的道路。他们就像开着一辆陷在泥潭中的汽车，两人拼命地转动轮子，却一无所获。当他们面临与婚姻无关的困难时，双方可能都能很好地解决问题。在那种情况下，他们能够轻松运用修复机制。但随着负面情绪席卷他们的婚姻，他们在婚姻互动中就失去了使用这些基本技能的能力。这不禁让人扼腕叹息。

　　一个没有进展的结果是，你可能会为你的婚姻不顺创造越来越复杂的假设，特别是如果你天生善于分析或容易多想。你得到的是我所说的错综复杂——你们关系中的问题似乎如此复杂和难以分辨，以至你绝望地认为你们永远无法摆脱困境。以大卫和劳拉为例，他们已经结婚四年，但是这四年非常不太平。随着时间的推移，劳拉找到了一个解释他们为什么经常争吵的理论。她得出的结论是：他试图支配她。她只看了一下他的原生家庭，很快就证实了这个结论。毕竟，他的父亲对他的母亲很有支配欲，也无怪乎大卫想控制她。

很快,她就在他们的争吵中向他提出了自己的理论。

  大卫:你不应该每次在鲍比调皮捣蛋时都责备自己。
  劳拉:别告诉我该如何做。别再试图支配我了!
  大卫:闭嘴!我并不是在试图支配你。
  劳拉:你看,你又来了!你和你爸爸一模一样。别叫我闭嘴!

  劳拉没有听到大卫的愤怒和沮丧中传递的修复机制——她没有听到他明确表示他并不是试图支配她,她听到的只有饱含负面情绪的"闭嘴"。她通过所听到的内容来进一步确认她对他的问题的分析,结果就是陷入僵局。想象一下,如果换种方式开始对话,他们的争论将会有多么不同的结局。

  大卫:你不应该每次在鲍比调皮捣蛋时都责备自己。
  劳拉:别告诉我该如何做。别再试图支配我了!
  大卫:闭嘴!我并不是在试图支配你。
  劳拉:你不是吗?
  大卫:我没有。
  劳拉:因为当你告诉我不应该有某种感觉时,听起来就像你试图控制我的生活。
  大卫:我没有,我只是想帮忙。

大卫甚至可能会因为让她"闭嘴"而道歉，并解释说当她错怪他时，他感到非常沮丧。

有些夫妻可能会陷入这些错综复杂的争执，因为他们对伴侣在婚姻中的表现抱有不切实际的期望。当他们心爱的人在激烈的战斗中或经过一天的辛苦工作后变得令人讨厌时，他们会对实际情况做出过度解读。

显然，"末日四骑士"对你的婚姻非常危险，因为它们破坏了你努力防止消极情绪吞噬你们关系的尝试。这些"骑士"打破婚姻的健康生态平衡（积极互动占优势的五比一比例），可以使一对幸福的夫妻陷入灾难性的旋涡中。

但这"四骑士"只是导致婚姻解体的两个连锁反应中的第一个，并不是终极危险。只有在它们使关系恶化之后，终极危险才会出现：你开始对伴侣产生强烈的想法，而这会巩固你自身的消极情绪。只有当这些内心想法不受到挑战时，你才有可能陷入最终导致夫妻关系疏远和孤立的连锁反应。但是，当你曾经幸福的婚姻正在产生变化时，你学着去认识这些变化，你仍然可以获得重新掌控婚姻的工具。

第四章

当你内心的想法积重难返时

在伍迪·艾伦的电影《安妮·霍尔》中,有一个令人难忘的场景。艾维和安妮刚刚在一场双打网球比赛中认识,然后到安妮的公寓楼的楼顶喝酒。表面上,他们的对话是关于摄影艺术批评的,但实际上他们正在判断是否要发展一段恋爱关系。当他们不停地谈论美学准则时,每个人心里都在进行着"更重要"的对话。闪烁的字幕显示了他们内心的想法。"我想知道她裸体时是什么样子",艾维沉思着。"我希望他不会像其他人那样成为一个讨厌鬼",安妮告诉自己。这些内心想法是他们互动走向的关键。它们揭示了这两个人的自我意识和内心的不确定性,以及他们之间相互吸引力的不确定性。在聊天结束时,他们即将开始约会的信息变得十分清晰明了。

你对某个人的想法往往决定了你如何对待他,这一点不足为奇。但是,在婚姻方面,这个简单的真理有着巨大的影响力。你对伴侣和婚姻关系的假设可以决定你婚姻的健康状况。如果你的想法和感受是扭曲的——如果你的"字幕"强化了对伴侣和婚姻的负面看法,婚姻就很容易出现问题。"四骑士"在你的婚姻关系中越根深蒂固，你的内心脚本就越有可能呈现出明显的负面基调。一旦发生这种情况，你就极有可能感到被负面情绪吞噬，进入婚姻急流的最后阶段，我称之为"疏远和孤立的连锁反应"。

因为我们大多数人都相信自己的感觉，所以当你的内心脚本被扭曲时，识别起来并不那么容易。想想以下这两种情景吧。

情景一：比尔回到家时情绪不好，大声抱怨房间乱七八糟。妻子贝蒂想：天啊，他心情真糟糕。这真让我心烦。希望他放松下来后能好转。我想知道他在工作上遇到了什么问题，让他这么紧张。

情景二：鲍勃回到家时情绪不好，大声抱怨房间乱七八糟。妻子简想：他大声喊叫真让我生气。他脾气总是这么暴躁。而且，从什么时候起只有我负责打扫卫生了？他真是个搞性别歧视的猪头。我不敢相信我得忍受这一切！

尽管两个丈夫在两种情况下表现出完全相同的行为，但显然贝蒂和简的内心想法存在很大差异。两个女人都因丈夫的爆发而感到有压力，这是可以理解的——但关键的区别在于她们如何疏导由压力带来的情绪。在这令人不快的事件中，贝蒂的想法是自我安慰。她提醒自己，她的丈夫比尔并不总是这样，问题可能来源于他的工作压力。简的思维则是与之相反的痛苦维持型。鲍勃的坏脾气本就让她恼火，她的负面想法更是让自己心力交瘁。

由于人们最终通常会按照自己的想法和感受行事，贝蒂和简可能会以截然不同的方式做出反应。因为贝蒂的想法抚慰了她而不是激怒了她，她可能会充满爱意地对待比尔——试图转而安抚他。她可能会平静地告诉他,她理解房间乱让他烦恼,甚至可能向他指出他似乎"压力山大",或者和他开个玩笑。在最好的结果中,她的共情将帮助到他,让他把表面上对房间乱的不安与他愤怒的真正原因——他工作中糟糕的一天联系起来。但即使比尔没有把这两个方面联系到一起,他妻子的回应也会防止他的爆发引发一场无益的争吵。

然而,简更有可能做出防御性反应,也许是反唇相讥或干脆设阻。这两种反应都不会解决她和鲍勃之间的问题,只会加剧冲突,并进一步强化她对他的负面看法。这对夫妻将会继续沿着婚姻的激流翻滚而下。

我多么希望我能告诉你们,在婚姻发生冲突时,像贝蒂那样产生安抚性的想法是很常见的。但是,你从个人经验中就能清楚地知道,大多数人都更像简。当我们感到愤怒、受伤或被误解——尤其是当"四骑士"侵入我们的婚姻时,我们往往会有很痛苦的想法。

我所研究的夫妻也不例外。例如,在一个实验中,我们要求新婚夫妻回来观看他们的对话录像,回忆他们在婚姻中表现出敌对、防御或退缩时实际上在想些什么。绝大多数人都有非常痛苦的想法。我们在仔细研究这些想法时,惊人地发现它们只分为两大类:无辜受害者的想法和义愤填膺者的想法。一些人同时传达了这两种想法。

无辜受害者

如果你受到第三个"骑士"——防御的重击,那么在与伴侣争执时，你很可能会产生无辜受害者的想法。这时你可能感受到的主要情绪是恐惧，将伴侣视为一个有攻击性的怪物，而将自己视为受委屈、受到不公正指责、受虐待、不被欣赏的对象。如果你回顾一下第三章描述的一些防御迹象（发牢骚、是的——但是、"橡皮男""橡皮女"、自我重复），就不难看出无辜受害者的想法会引发这些反应。设阻者也可能感觉自己像一个无辜受害者——自己是如此惧怕和不知所措，以至无法去表达防御性。

在我们的研究中，一些新婚夫妻在回顾和伴侣相处中的那些痛苦时刻时，说出了自己的心声。这些心声可以让你更多地了解无辜受害者的想法。

他责怪我过度安排了我们必须去做的事情，比如他认为我规划社交活动就是错。我觉得我做的任何事情都入不了他的眼睛。我不明白他想要什么。我希望他能理解我为我们所做的一切，感谢我的付出，并且为我们的社交活动安排时间。但是他表现得好像他做的每件事都是对的，只有我做错了。

我想离开派对，但她玩得太开心了，所以她对我和我的感受都不屑一顾。她告诉我，我在派对上经常这样做，她说我不合群，她对此感到厌倦，只想开心玩乐。我感到受伤和沮丧。我在派对上做了很多事情来确保我们玩得开心，但这些都没有得到认可。

我们去买一台缝纫机，最后二选一的时候，他让我决定要买哪一台，我选了价格更贵的那一台。然后他在收银台做出了那个表情,我就把它退了回去。我感到被指责的尴尬。他想让我买便宜的那一台,但是却让我以为是我自己做出的选择。我因为这个而指责他,因为这实际上并不是我做出的选择。

当她开始吵架时,我就放弃这个话题,然后道歉。这通常令我很痛苦。我觉得我真的不信任她。如果我说出我的想法,就会发生一场激烈的对抗,所以还不如放弃,然后我们就可以不讨论这个话题了。我已经为我不理解的事情道歉了。如果我继续谈论它,事情会变得越来越混乱。我希望尽快远离这种对话。

将自己看作无辜的受害者确实有一定的好处(否则,不会有那么多人这样做)。通过在心理上摆脱自己对解决冲突的责任,你就不需要为挽救婚姻付出任何努力。但这种思维方式的问题就在于此。当然,你觉得自己完全有理由感到自己是受害的那一方(你认为你的伴侣表现得相当恶劣)。但只要你继续为自己找借口而不是去修复关系,你们的婚姻状况就不太可能得到改善。

义愤填膺者

义愤填膺者的内心脚本与无辜受害者的相似,但它包括对试图伤害你的伴侣的敌意和蔑视。受到蔑视(第二个"骑士")严重打击的人,往往有充满正义愤慨的内心脚本。他们受到伤害后充满愤怒,想要实施报复。同样,设阻者也可能怀有这种想法,这加剧了他们沉默时的愤怒。在我们对新婚夫妻进行调查时，一些女性表达了义愤填膺者思想。

  他对我关于他开车的评论变得非常有防御性。他根本没有认真对待我说的话。他开得很快，我要拼命抓住东西并大声喊叫让他开慢点。所以，如果我发表评论，我就成了一个恶毒的女人，而他就是一个被这个邪恶女人欺负的可怜家伙。难道他不能接受我的意见，开得慢一点吗？

  我觉得他在操纵我，我想要摆脱并反击。我感到陷入困境、疑惑重重。但最重要的是，我在考虑报复。

  他认为我没有更多地考虑他的需求，但为什么我总是要迁就他呢？

  那么他想做什么？抓住我在说谎吗？他嫉妒了，但这如果不是他的问题，难道是我的问题吗？我必须让他感到更安全？呸，这真是扯淡。也许我应该更努力地从他的角度去看待问题，但我不想这样，这太荒谬了。

显然，这些想法对修复婚姻裂痕于事无补。要防止自己陷入义愤填膺者或无辜受害者的陷阱，可能需要很大的勇气和强烈的自我意识。改变你内心脚本的第一步是确定什么类型的思维惯性会使你陷入困境中。要知道答案，请在争吵后尽快进行以下的自我测试。

自我测试：痛苦维持型想法

在我们上次讨论期间：

1. 我感到受伤。

是　　　否

2. 我感觉被误解了。

是　　　否

3. 我在想：我不必接受这个。

是　　　否

4. 我因为这个问题受到责备，我感到很无辜。

是　　　否

5. 我心想：起身走吧。

是　　　否

6. 我很害怕。

是　　　否

7. 我很生气。

是　　　否

8. 我很担心。

是　　　否

9. 我感到很失望。

是　　　否

10. 我希望我的感受可以得到一些关注。

是　　　否

11. 我感到自己受到了不公正的指责。

　　是　　　否

12. 我想：我的伴侣没有权利说那些话。

　　是　　　否

13. 我感到被辜负了。

　　是　　　否

14. 我感到难过。

　　是　　　否

15. 我很沮丧。

　　是　　　否

16. 我感到自己受到了人身攻击。

　　是　　　否

17. 我想反击。

　　是　　　否

18. 我感觉自己正在躲避一次猛烈的攻击。

　　是　　　否

19. 我想报复。

　　是　　　否

20. 我想保护自己。

　　是　　　否

21. 我知道我是对的。

　　是　　　否

22. 当时我对我的伴侣的性格评价很差。

是　　　　否

评分

（1）统计对于陈述"1""2""4""5""6""8""11""13""14""16""18"和"20"的"是"的回答数量。如果数量达到或超过四个，说明你在婚姻的负面时期的反应倾向于无辜受害者。

（2）统计对于陈述"1""2""3""7""9""10""12""15""17""19""21"和"22"的"是"的回答数量。如果数量达到或超过四个，说明你在婚姻的负面时期的反应倾向于义愤填膺者。

如果你在任意一类别（或两者）下的得分都很高，说明你在与伴侣发生冲突时会重复负面想法。你无法改变伴侣的内心想法，但你可以努力改变自己的思维方式并安抚双方。这将让你缓解受害人情绪并平复自己愤怒的情绪。虽然很难在一夜之间用更真实的脚本取代扭曲的负面想法，但许多夫妻已经成功做到了这一点，我目睹他们的婚姻因此得到了显著改善。有关如何安抚双方，参见第七章。

情绪淹没

负面内心脚本造成的最严重的后果是被情绪淹没。当这种情况发生时，你会感到自己被伴侣的负面情绪和自身的反应压倒，经历"系统超载"，被困扰和不安淹没。你可能会有极度的敌对心、防御心，或想退缩不前。一旦感到局面失控，你就不能进行建设性的讨论了。

在与伴侣进行任何激烈交流时，出现一些负面的思维和情绪都是正常的。只要这些情绪没有过分极端，大多数人都能够处理它们。我们每个人都有一种内在的度量器，用来衡量在这种互动中负面情绪的积累程度。当你的负面情绪的积累达到极限时，度量器指针就开始失控，情绪就开始喷涌。人们被情绪淹没的程度因个体而异，但很少有人有极高的耐受力，可以忍受伴侣输出好几个小时的蔑视言论而不感到不堪重负。多变型夫妻的耐受力通常比较高，而其他人则会在伴侣出现抱怨苗头时就感到不堪重负——这在回避型夫妻中比较常见。被情绪淹没的程度还受到婚姻之外的压力大小的影响——你承受的压力越大，就越容易被情绪淹没。

在这两个极端之间，人们被情绪淹没的速度似乎沿着性别线分化。我们发现男性更容易被情绪淹没，这也许会让你感到惊讶。这也解释了为什么男性更容易变得消极沉默。本质上，他们的退缩代表着保护自己免遭过多压力的最后一搏。（关于性别之间的这种差异，详见第五章。）

但女性也很难免受被情绪淹没的影响。可以看看我们在实验室录制的伊冯娜与丈夫的交流过程——她最终感到不知所措。他们谈论的话题是她对丈夫前女友的嫉妒感。很明显，这对她来说不是一个容易谈的话题。尽管她在积极和消极的情绪之间来回转换，但直到她丈夫做出令人不安的坦白，她才开始感到被情绪淹没。然后，"系统超载"由此开始。

尼古拉斯：嗯，问题就在于你的嫉妒心。

伊冯娜(平静)：最近好多了。

尼古拉斯：是的。自从我对我们的家庭做出承诺以来，情况确实好转了。现在如果你看见我白天和一名女性一起开车，你可能不会嫉妒。

伊冯娜(有点惊慌)：为什么？你车里有个女人吗？

尼古拉斯：没有。

伊冯娜(松了口气)：好。

尼古拉斯：实际上，莎拉和我要一起骑车去参加一个研讨会。

伊冯娜(中立地)：一个研讨会？关于什么的？

尼古拉斯：商业地产。这是和工作相关的。

伊冯娜(相当平静)：噢，不。我不会对那种情况感到嫉妒。

尼古拉斯：你知道吗，虽然只是假设，但这确实会让我不安。比如说，你知道的，假设我想再见一下珍妮，只是吃个午饭。

伊冯娜(略感惊讶)：不行，珍妮是另外一回事。你们曾经是恋人。

尼古拉斯：但那是在我遇见你之前很久的事了。而且你知道我对我们的家庭做出了承诺。所以这就不是问题。我见她就像见一个哥们一样。

伊冯娜(更加放松——她把这个问题看作假设性的讨论)：无所谓。那是一种非常不同的关系。她在我们的生活中没有任何位置。你见她不像是见哥们,她是个女人。

尼古拉斯:你看,这就是我认为你错了的地方。她是我曾经非常喜欢的人。我们是朋友和熟人,和她失去联系我会很遗憾。

伊冯娜(明显感到惊慌):为什么她要进入我们的生活,进入我们的家?为什么我的孩子要认识她?

尼古拉斯:她很有趣。你们俩是同一所大学的校友。你们有很多共同点。

伊冯娜(害怕):等一下!你想见她吗?你是这么说的吗?

尼古拉斯:是的,我想见她。为什么不呢?我想了解她现在的情况,再次和她聊聊天。是的。

伊冯娜(心情沮丧):那我觉得我们有一个严重的问题。我们需要进行婚姻咨询。

尼古拉斯:嗯,也许我们确实需要。

伊冯娜沉默了。她暂时太沮丧了,无法继续讨论。尽管在谈话过程中,伊冯娜在积极和消极情绪之间转换,但到最后,消极情绪变得势不可当,让她感到被情绪淹没了。她的内心脚本提供了更多制造焦虑的信息,超出了她能够冷静回应的范围。

被情绪淹没是什么感觉?当人们开始被情绪淹没时,他们会感觉受到不公正的攻击、被误解、被冤枉或感到义愤填膺。如果你正处于被淹没的过程中,你可能会感到情绪过于激动,你只想让事情停下来，你需要冷静下来，或者逃走。你可能想反击并实施报复。你可能觉得自己无法理清思绪，或者你的伴侣似乎突然毫无原因地爆发。被情绪淹没的人常常会有这样的想法：事情一直很顺利，怎么突然间就出了这么大的问题？或者"我的伴侣正在变成一个妄图伤害我的怪物"。

他们的身体信号会变得混乱不堪，呼吸可能会变得困难。被情绪淹没的人会无意识地屏住呼吸，肌肉会紧绷并保持紧张状态。他们的心跳快速而剧烈。他们渴望逃离并获得一些宣泄。

当乔治和他的妻子维拉讨论他们的婚姻问题时，你可以看到乔治经历了情绪淹没。

维拉：我们的问题是，现在我们只有一辆车，你必须提前一个小时起床，开车送我去上班。而你又讨厌早上起床。

乔治：是的，我是个"夜猫子"。（乔治意识到了这个问题。他觉得他是一个"夜猫子"，而维拉习惯早起，这没什么大不了的。）

维拉：你真是个很懒的人。

乔治：我从来没有偷懒过。（乔治感觉自己刚刚被扇了一巴掌。在他看来，他绝不是一个懒惰的人。他的感情受到了伤害。）

维拉：乔治，如果我不叫你起床，你每天都会迟到。

乔治（噘嘴）：我不喜欢你叫醒我。

维拉：你宁愿让闹钟叫醒你……

乔治：我更喜欢听闹钟……

维拉：而不是听我的声音，是吗？

乔治：这确实让我想起了妈妈催我起床的声音……

维拉：你讨厌早上听到我的声音。

乔治：不是这样的。只是，我该怎么评价你的声音呢，你看，嗯……（现在乔治意识到自己陷入了困境。他妻子的脾气又上来了。他开始寻找一种摆脱这种情况的方法。他想，如果他能让她意识到她早上的声音有多刺耳，也许他就可以结束这次谈话。但事情并没有按照他期望的方式进行。）

维拉（怒气冲冲地站起来）：我起床、整理房间、给你准备午餐，然而你却受不了听我的声音。乔治，你觉得这让我有什么感觉？

乔治：呃，很糟糕，我想。维拉，别这么想。试着放松一下。（他感觉自己就像一只被大头针刺穿的蝴蝶，他知道自己完了。他的心跳得很快，想要撤回之前的话。）

维拉：乔治，别试着告诉我该有什么感受。我想伤心就伤心，你伤害了我。

乔治：我知道你很在意按时上班。我真的想尝试早起。（乔治感觉自己想要逃离这个房子。）

要了解你在产生婚姻冲突期间是否容易感到被情绪淹没，请进行以下测试。

自我测试：被情绪淹没

1. 当我的伴侣生气时，我会感到困惑。

是　　　否

2. 我们的讨论变得激烈过头了。

是　　　否

3. 当我们讨论分歧时，我很难平静下来。

是　　　否

4. 我担心我们中的一方会说出一些让我们后悔的话。

是　　　否

5. 我的伴侣变得过分沮丧。

是　　　否

6. 吵架后我想躲开一段时间。

是　　　否

7. 没有必要像我的伴侣那样在讨论中抬高音量。

是　　　否

8. 当争论发生时，这真的让人难以承受。

是　　　否

9. 当我的伴侣有很多负面情绪时，我无法正常思考。

是　　　否

10. 我在想：为什么我们不能合乎逻辑地把事情说清楚呢？

是　　　否

11. 我的伴侣的负面情绪不知从何而来。

　　是　　　否

12. 我的伴侣脾气一上来就很难控制。

　　是　　　否

13. 我们吵架后我感到寒冷和空虚。

　　是　　　否

14. 当负面情绪太多时，我很难集中注意力。

　　是　　　否

15. 小问题突然毫无缘由地变成大问题。

　　是　　　否

16. 在我们吵架之后，我似乎永远无法安抚自己。

　　是　　　否

17. 有时我觉得我的伴侣的情绪简直太疯狂了。

　　是　　　否

18. 我们的讨论很快就会失去控制。

　　是　　　否

19. 我的伴侣的感情很容易受到伤害。

　　是　　　否

20. 当我的伴侣有很多负面情绪时，阻止它们就像试图阻止一辆迎面而来的卡车一样。

　　是　　　否

21. 所有负面情绪都让我沮丧。

　　是　　　否

22. 所有负面情绪都让我感到混乱。

是　　　否

23. 我永远不知道什么时候会发生爆炸。

是　　　否

24. 我们吵架后,我需要很长时间才能再次感到轻松。

是　　　否

评分：如果你选择了八个以上的"是",这是一个强烈的迹象,表明你在与伴侣发生冲突时容易被情绪淹没。因为这种状态可能对你的婚姻造成伤害,所以让你的伴侣知道你的感受很重要。被情绪淹没的解药是练习安抚你自己和你的伴侣。这将有助于改变你对伴侣负面反应的看法。当你的伴侣发火、充满愤怒时,不要觉得"压力山大",要把这简单地视为伴侣强调感受的方式,而不是把它当作个人攻击。有关识别强调方式和学习如何安抚的具体建议,参见第六章。

身体会说话

我们在意识层面和身体层面对婚姻波折的反应存在着巨大的关联,这是令我们兴奋的发现之一。在我们的大多数研究中,除了分析夫妻说话的内容和方式外,我们还测量了他们的心率和其他压力指标,例如出汗量和肾上腺素水平。这提供了令人信服的证据,便于探讨情绪波动在婚姻冲突期间发作的方式和时间及其对婚姻的影响。

关于压力的文章难以枚举。我们大多数人都知道压力对身体的巨大影响。在压力下,我们往往会释放过量的应激激素,例如肾上腺素,导致心跳加快、汗腺过度工作、呼吸加快。这些压力引发的身体症状与焦虑引发的思维和情绪反应形成了一个反馈循环。例如,你因工作截止日期将近而感到压力很大,从而心跳加速,这只会加剧你的焦虑,让你对截止日期的忧虑加重,从而再次使你心跳加速。

这正是在夫妻冲突中你经历情绪淹没时会发生的情况。从某种意义上说,你内心的负面思维和被唤醒的神经系统相互刺激,使你更难摆脱消极的循环。一旦你的身体兴奋度达到一定水平,你就几乎不可能带着舒缓的情绪平静思考,或者有欣赏伴侣的想法。

为了探究情绪淹没如何在负面互动中产生并加剧负面情绪,让我们思考一下布拉德利和埃洛伊丝在讨论中所经历的情形。布拉德利和埃洛伊丝经常相互取笑。他们喜欢这种互动方式——这在多变型的婚姻中相当常见(但不一定局限于这一类型)。她嘲笑他不能并线停车,然后他"回敬"说她不是一个好情人,于是她感到受伤,他试图说服她这只是个玩笑。

在他们交谈时,我们测量了他们的心率。在正常情况下,男性的平均静息心率或脉率约为每分钟七十二次,女性的略高,约为每分钟八十二次。我的研究数据表明,当男性的心率上升到每分钟约八十次,女性的心率上升到每分钟约九十次时,情绪淹没就启动了。在这个水平上,由于生理唤醒,人会难以专注于对方所说的话,从而导致防御和敌意的增加。无论对男性还是女性来说，心率飙升到每分钟一百次，肾上腺素都会大量分泌，从而引发伴随着强烈恐惧或焦虑的"战斗或逃跑"应激反应。

在你阅读以下对话记录时，请观察布拉德利的心率变化。在对话开始之前，布拉德利的心率处于正常范围。他和妻子埃洛伊丝是一对多变型夫妻，经常互相开玩笑。但这一次，当她因为他不能并线停车而让他难堪时，他的情绪失控了。最后，他实施了报复，说她不是一个好情人。现在他正在试图挽回这一切。

布拉德利：我为今天早上的事感到很抱歉。

埃洛伊丝：好吧，我认为我们应该谈一谈。自从那天晚上以来，你一直拿我说的话开玩笑。

布拉德利：我这样做真的很刻薄，我很抱歉。我不认为我会再这样做了。只是你说我不能并线停车时，让我觉得自己很糟糕，我必须以某种方式回击你。而我说出那样的话只是比你的话更加刻薄而已。

埃洛伊丝：但是你所说的肯定有一定道理。

布拉德利：不，不。这完全没有道理。

埃洛伊丝：但你确实不能并线停车，这是事实。这是你自己说的。我只是想指出，如果有什么事情你做不到，你只要花点时间练习，或者让别人指导下，你就可以做得更好。

布拉德利：你能并线停车吗？

埃洛伊丝：可以。布拉德利，我可以的。在圣路易市中心，我几乎每天都并线停车。

布拉德利（呼气）：噢，我永远也做不到。

埃洛伊丝：但你可以做到。你看，如果你说"我做不到"，那就意味着"我不会尝试"。而我告诉你这件事的重点是，如果你说"我不会尝试"，那么你就做不到了。

布拉德利：对。

（他的心率已经达到了每分钟八十次，他的情绪已经被激起了。）

埃洛伊丝：但是如果你努力去做，就可以做到。

布拉德利：对。

埃洛伊丝：但问题是，之后你对我的性能力发表了非常负面的评论。

布拉德利（笑）：但我并不是这个意思。你必须明白这一点。（他的心率达到了每分钟约九十六次，也就是说，他的心率在心跳一次的时间内上升了每分钟约十六次！这是极度兴奋的水平，是肾上腺素开始大量分泌的阶段。）

埃洛伊丝：但我怎么知道呢？

布拉德利：我告诉你了，我们应该彼此坦诚，而我也正在如实地告诉你。

埃洛伊丝（叹气）：但你知道，性可能是我们经常遇到的问题之一。显然这是容易让人情绪激动的话题，要不你的戏言不会让我不高兴。

布拉德利：嗯……我觉得其中一部分原因可能是我们的成

长环境不同。而且我们对这个问题有不同的看法。

（他的心率超过了每分钟一百次。）

埃洛伊丝：怎么说？

布拉德利：嗯，我一直受到的教导是不应该讨论这个话题。

埃洛伊丝：你觉得我的家庭更加开放吗？

布拉德利：嗯。

（他的心率现在降到了每分钟约八十二次，虽然仍然很高，但他稍微放松了一些。）

这场对话中发生了什么？对埃洛伊丝来说，性是一个会让人情绪激动的话题，丈夫的批评使她感到非常沮丧。布拉德利试图收回原来的话，否认他的戏言，这让他经历了情绪淹没。在这种状态下，他将很难与妻子进行有效的讨论。

长期情绪淹没的危险

在争论或其他不愉快的讨论中感到被情绪淹没并不罕见。但是，如果这种情况经常发生，你对伴侣和婚姻的看法就会发生灾难性的转变。你开始对伴侣的一些话语和行为都感到恐惧——"现在又怎么了"。你变得过度警觉，不断提防攻击，并不断沉浸在痛苦的想法中。你的妻子说："我们得谈谈。"你不自觉地想：又要开始吵架了。当她只想谈谈让保姆早点来的时候，你的身体就充满了痛苦。

简而言之，你看到伴侣会产生生理反应，就像动物一看到红色就会害怕受到电击一样。红色一露出，动物就开始惊慌；你的伴侣一使用某种语气或表情，你就开始有反应，好像受到了攻击。到了这个时候，扭曲和痛苦的想法变成了常态，而不是例外。实际上，你负面的内心脚本和受刺激的身体共同影响着你的情绪，使其进入了负面范围。如果不能修复情绪，你将被推向婚姻破裂前的最后连锁反应阶段。

　　一旦情绪淹没变得失控，你很可能大部分时间都会对伴侣持有最坏的看法。在我们的研究中，我们发现"夫妻是否经常感到被情绪淹没"的影响力巨大，这会从根本上改变他们对日常互动的看法。在一段稳定的婚姻中，情绪淹没并不是问题，伴侣们倾向以"玫瑰色的眼镜"看待对方。他们认为彼此的积极、令人钦佩的特质是其个性的固有部分，而不是巧合。换句话说，如果丈夫用一束花给妻子带来惊喜，她会认为这进一步证实了充满爱心、慷慨大方就是他的天性。她认为这些优点是他整体性格的一部分，并在与他共处的许多方面都能看到这些特质的依据。另一方面，当丈夫表现得脾气不好或做出自私的行为时，妻子将他的负面行为归因于某个短暂而孤立的事件，就像贝蒂认为比尔的坏脾气源于工作上的麻烦一样。她想，他现在生气了，但他并不是一个容易愤怒的人。即使她因他的坏心情而心烦意乱，她也会倾向于调整自己的反应，以免火上浇油。幸福婚姻中的伴侣能看到婚姻的光辉，并能在他们的伴侣身上看到同样的光辉。他们认为他们关系中美好的方面是稳定而深远的，而不好的方面是短暂的、情境性的。

这种婚姻和至少一方经历长期情绪淹没的婚姻之间存在着多么大的差异啊！经历情绪淹没的夫妻似乎对婚姻中的美好视而不见，只能看到坏的部分。对伴侣和关系的负面期望和假设成为常态，任何积极性质的证据都被忽视或遭到质疑。丈夫会想：噢，她表现得很好，因为她这个星期工作很顺利。这不会持续太久，也没有太大意义。他认为妻子的良好表现只是短暂的，并且是由外部因素（比如一周工作顺利）引起的，而不是源于她的个性。

随着时间的推移，这样的夫妻越来越多地关注那些证实他们负面假设的伴侣的行为，而不是那些可能反驳这些假设的行为。例如，乔认为他的妻子不值得信任、自私自利。因此，尽管她连续一个星期几乎每晚都给他做饭，但他只注意到她和朋友外出吃饭的那一天。在这种状态下，对伴侣的蔑视的想法不可避免地会超过对其赞赏和喜爱的想法。这种情况下，保持婚姻稳定所需的积极与消极的五比一比例很容易遭到破坏。

事情是如何变得如此糟糕的呢？请记住，如果你的内心脚本没有被安抚性的想法主导，而是被加剧负面情绪的想法所主导，伴侣的防御、愤怒、设阻等行为很可能让你产生情绪淹没的反应。这些负面情绪形成了一种反馈，引发情绪淹没的症状，如心率增加、肾上腺素分泌增多。你的身体越多地感受到情绪淹没，你就越难以安抚自己，越难冷静地看待事态。相反，你的思想和情绪会进一步加剧情绪淹没的感觉。随着时间的推移，你会习惯于寻找伴侣和婚姻中的负面因素并做出反应。这变成了一种自我实现的预期：你越期望并寻找负面因素，就越有可能找到它们并在你的心中强调它们的重要性。

疏远和孤立的连锁反应

如果情绪淹没持续下去，婚姻将面临灾难性的后果。情绪泛滥是疏远和孤立的连锁反应（最后一重连锁反应）背后的驱动力。这个连锁反应由四个阶段组成——人们在退出婚姻时似乎会经历的几个阶段。

第一阶段：你认为自己的婚姻问题很严重

大多数夫妻都会承认他们的结合远非天作之合，但一旦你认为自己的问题是几乎无法解决的障碍，你就走到了一个危险的转折点。你的婚姻已经到了这种不幸的地步吗？

自我测试：问题有多严重？

这个自我测试很简单，可以帮助你判断问题有多严重。请在以下选项下选择"是"或"否"。

1. 我和我的伴侣在沟通方面存在非常严重的问题。
是　　　否
2. 我对我们能够解决问题几乎没有信心。
是　　　否
3. 我们所遭遇的问题根源深远。
是　　　否

4. 事情变得如此复杂,我不确定是否有解决办法。

是　　　否

5. 我们的每个问题都给我们带来了很大的痛苦。

是　　　否

6. 我怀疑我们能否调和分歧。

是　　　否

7. 我们很难原谅彼此所遭受的一些伤害。

是　　　否

8. 我们的问题非常严重。

是　　　否

9. 我们在一起度过真正美好时光的机会很小。

是　　　否

10. 在这段关系中,尊重很少。

是　　　否

11. 我不确定我们是否彼此相爱。

是　　　否

12. 我们的问题是错综复杂的——极难得到解决。

是　　　否

13. 我对我们共同的未来感到绝望。

是　　　否

14. 有时我对我们之间事态的发展感到痛苦。

是　　　否

15. 归根结底，我不确定我有多大希望。
是　　　　否

评分：如果你选择了五个以上的"是"，说明你对你婚姻中的问题持有非常消极的看法。大多数得分处于这个水平的人婚姻关系都不稳定，要么是敌对参与型，即存在很大的消极性，但你们仍然互动；要么是敌对疏离型，这意味着敌对已经占比极高，以致你们尽可能地避免互相接触（参见第三章）。只要你认为你的问题很严重，你就可能会在尝试解决它们时遇到阻碍。

第二阶段：与伴侣讨论事情似乎毫无用处

你不仅认为你的婚姻问题很严重，而且对通过与伴侣沟通来挽救婚姻也不抱希望。相反，你会自行寻找解决方案。例如："我会尽力对他好一些""我会忽略她的辱骂"。你可能会决定避免与伴侣进行某些类型的互动，或者试图在伴侣的行为让你心烦意乱时告诉自己你没有受到影响。以下的自我测试将帮助你判断你的婚姻是否已经到达这个阶段。

自我测试：你能解决问题吗？

回答"是"或"否"。

1. 与我的伴侣讨论事情似乎只会让事情变得更糟。
是　　　　否
2. 我宁愿把事情留给自己。
是　　　　否

3. 我是一个非常注重自己的感受和隐私的人。

是　　　否

4. 当我心情不好的时候，我宁愿自己走开。

是　　　否

5. 我认为与伴侣讨论我的麻烦没有什么意义。

是　　　否

6. 谈论我们的问题只会让它们变得更加混乱。

是　　　否

7. 有些人是你无法与之交谈的，我的伴侣就是其中之一。

是　　　否

8. 我宁愿尝试独自解决我们的婚姻问题。

是　　　否

9. 我们关于问题的交谈似乎从来都没有任何结果。

是　　　否

10. 我不太愿意深入研究我与伴侣之间的问题。

是　　　否

11. 我已经放弃尝试把事情说出来了。

是　　　否

12. 我认为尝试与我的伴侣讨论事情没有任何潜在的好处。

是　　　否

评分：如果你选择了四个或四个以上的"是"，这说明你已经放弃了与伴侣一起解决问题的努力。这种态度几乎会不可避免地导致疏远和孤立的连锁反应进行到下一步。

第三阶段：你们开始过平行的生活

我们都知道至少有一对这样的夫妻——他们住在同一所房子里，但不生活在同一个宇宙里。想想查尔斯王子和戴安娜王妃，甚至在他们正式分居之前就是如此。这样的婚姻看起来更像是商业安排，而不是亲密关系。尽管这对夫妻可能住在一起，但是他们很少联系。

自我测试：你们过着平行的生活吗？

回答"是"或"否"。

1. 我们不像以前那样经常一起吃饭了。

　　是　　　否

2. 有时我们看起来像是室友，而不是夫妻。

　　是　　　否

3. 我们的共同朋友比以前少了。

　　是　　　否

4. 我们似乎分别做了很多事情。

　　是　　　否

5. 我们的共同兴趣似乎越来越少。

　　是　　　否

6. 我们可以很长一段时间都不谈论我们的生活。

　　是　　　否

7. 我们的生活更多是互相平行的，而不是相互联系的。

　　是　　　否

8. 我们常常不去谈论我们不在一起时日子是如何度过的。

是　　　否

9. 我们在一起的时间不再那么多了。

是　　　否

10. 我们大部分的空闲时间都是分开过的。

是　　　否

11. 我们不会专门留出太多时间来交谈。

是　　　否

12. 我认为我们已经不太了解彼此了。

是　　　否

13. 我们很少一起吃晚饭了。

是　　　否

14. 我们很少一起出去约会。

是　　　否

15. 这些天我们的很多美好时光都是与其他人一起度过的，而不是与伴侣一起度过的。

是　　　否

16. 我们似乎在互相回避。

是　　　否

17. 我们就像两艘过往的船，各行驶各的道。

是　　　否

评分：如果你选择了五个或以上的"是"，那么你们很可能已经过起了平行的生活。意识到情况已经恶化到这种极端地步是重新了解彼此的第一步。

第四阶段：孤独

从正式意义上讲，你仍然是已婚人士。但你感到如此孤立无援，以至婚后生活和独居生活几乎没有什么区别。孤独是人类痛苦的状态之一。在婚姻中感到孤独有一种悲惨的讽刺意味，因为婚姻应该提供爱和陪伴。到了这个地步的夫妻不一定会离婚，但是除非他们相互了解彼此，并在大多数情况下获得专业帮助，否则婚姻就完全名存实亡了。再次强调，这些问题可能显而易见，但是这个测试可以让你明白你感到多孤独。

自我测试：作为已婚人士你有多孤独？

回答"是"或"否"。

1. 婚后生活比我想象中要孤独得多。

是　　　否

2. 我们没有我希望的那么亲密。

是　　　否

3. 我在这段婚姻中感到空虚。

是　　　否

4. 当我们一起做事时，我常常感到无聊。

是　　　否

5. 即使我们在一起，我也感到非常不安和悲伤。

是　　　否

6. 很多时候我不知道自己该怎么办。

是　　　否

7. 有时这段婚姻让我感到无聊和不安。

是　　　否

8. 我渴望有一个可以亲近的人。

是　　　否

9. 我的孤独感给我带来伤痛。

是　　　否

10. 我的婚姻中缺少了一些东西。

是　　　否

11. 我希望别人多给我打电话。

是　　　否

12. 我常常希望有人陪伴。

是　　　否

13. 我不觉得我是某个人生活的重要组成部分。

是　　　否

14. 我不觉得我属于任何人。

是　　　否

15. 我经常感到情感上的孤立。

是　　　否

16. 我在这段婚姻中感到被抛弃了。

是　　　否

17. 我没有可以求助的人。

是　　　否

18. 我经常感到被冷落。

是　　　否

19. 没有人认识我。

是　　　否

20. 没有人理解我。

是　　　否

21. 常常没有人可以跟我说话。

是　　　否

22. 我常常感到非常需要陪伴。

是　　　否

23. 在这段婚姻中我变得非常孤僻。

是　　　否

24. 我感到失去联结。

是　　　否

评分：如果你选择了八个或以上的"是"，那么你可能已经到达了疏远和孤立的连锁反应的终点。在婚姻中感到孤独会使人容易有外遇。研究表明，它还会让人更容易生病，特别是男性。重新找到彼此的第一步是坦诚地告诉伴侣你的感受。简单的承认可以让你开始踏上往回走的旅程，你可以说"我想你""我一直感到需要帮助"或者"这对我们的婚姻和我的健康都是危险的情况"。你可以在第七章和第八章中找到更详细的信息，了解如何消除疏远和孤立的连锁反应造成的损害。

重述历史

读到这里,你可能还不清楚你的婚姻是否濒临崩溃。还有一个更重要的因素可以帮你评估目前的处境。通过对夫妻进行研究,我发现没有什么比夫妻如何重述他们的过去更能准确预示婚姻的未来。关键因素不一定是婚姻早期的现实情况,而是丈夫和妻子目前如何看待他们共同的婚恋史。

为什么婚恋史往往提供了关于婚姻未来的线索?简单地说,当婚姻破裂时,我们发现丈夫和妻子会以消极的方式重塑他们早年的时光。你对以前感到失望和遭到冷落的回忆会被夸大。曾经你或许会怀着对美好的回忆回想你们第一次跳舞或购买婚戒的经历,但现在你却在关注那些似乎预示了你当前不满的不和谐之处——你的未婚夫醉醺醺地出现在你面前,或者你们在深夜时因邀请函的措辞而争吵。关键在于,对你的过去进行负面描述是你的婚姻出现早期问题的预警信号。历史可能早在你意识到你的婚姻面临严重危险之前就已经开始改写了。所以,觉察你看待自己婚恋史的方式对你的婚姻大有裨益。

在我的团队完成了对五十六对夫妻的长期研究后,我和我的团队认识到了这一点的价值。我们向这些夫妻询问了许多与他们的婚恋史相关的问题,包括他们是如何相识的、追求过程如何,以及是如何走向结婚的;他们过去的艰难时光是怎样的,以及是如何度过它的；现在和过去的美好时光是怎样的。在第一次接受采访时，这些夫妻都没有打算分开。但三年后，我们发现我们能联系到的四十七对夫妻中有七对离婚了。我们仅仅根据他们三年前回答有关婚恋史的问题的方式就百分百地预测出了这些夫妻中的哪些会离婚！此外，对还在一起的这四十对夫妻，我们预测了三十七对会有积极的结果（即约百分之九十三的概率）。我们预测婚姻结果的总体准确率为百分之九十四。

请记住，这只是一项初步研究。尽管如此，这些有趣的结果还是强烈表明了你看待自己婚恋史的方式与你们的未来可能存在联系。乍一看，你可能会认为我们的研究结果有一个显而易见的解释：有些夫妻之所以有负面记忆，是因为他们的早年生活确实不太愉快——这是从一开始就不合适的迹象。如果是这样，为什么"他们最终离婚"会成为一个了不起的发现呢？虽然这一说法适用于我们研究的某些婚姻，但以消极眼光看待过去的夫妻数目远远超过所谓"不合适"的夫妻人数。毕竟，大多数人认为尽管追求期和筹备婚礼都让人感到压力，但那都是充满喜悦的时光。

尽管目前新婚夫妻的离婚率估计在百分之五十至百分之六十七之间，但肯定有超过一半的夫妻在步入婚姻殿堂时都感到乐观和充满希望。只是后来，当他们面临看似无法解决的冲突时，他们才开始戴着有色眼镜重塑过去。感到痛苦的人更容易记住过去的负面事件——所以你当前的消极情绪会触发负面记忆，从而强化你当前的感受。这就是为什么这种重塑过去是婚姻陷入困境的一个十分准确的警告信号。

我相信有一些特定的因素与夫妻如何回忆他们的过去相关,并且这些因素会随着时间的推移而积累,最终可以利用它们来预测这些夫妻的未来。其中最重要的因素如下。

混乱感还是控制感。后来离婚的夫妻回顾他们早年的时光时,往往认为那是一段充满混乱、不确定和焦虑的时期。无论现实如何,他们都将彼此的结合视为一种充满压力、几乎是偶然发生的事件,而不是源于承诺和喜悦。来看看德克斯特和米奇(一对婚姻仍然幸福的夫妻)与朱尔和安东尼(一对最终离婚的夫妻)的回忆有何不同吧。

采访者:你还记得决定结婚的时候吗?

德克斯特:我们等待结婚的时间比我想的要长得多。我们都期待着结婚。

米奇:我们到了一个点,都知道这是对的。毫无疑问——我们不想分开。

朱尔:是的,他当时在对我大喊大叫,问我是否愿意嫁给他,我说愿意……我们在吵架。我想我们一直在稳定地约会,结婚似乎是自然而然的下一步。

安东尼:我稀里糊涂就决定结婚了。婚礼结束后,我陷入了一种茫然的恐慌中。

那些在回忆时觉得早年生活混乱的夫妻经常说,外部事件控制了他们的生活。例如，某对夫妻可能会记得他们是因为经济问题或怀孕结了婚。

失望还是美化挣扎。每段婚姻都会经历艰难时期。但是有些夫妻回顾早期的困难时，会自豪地认为他们能够共同克服障碍；而另一些夫妻则似乎被危机压垮，认为他们早年的日子是一个幻灭的时期。德韦恩和丽塔——另一对后来离婚的夫妻，准确地展示了这一点。

德韦恩：当我们要结婚时，人们告诉我们"噢，你的第一年会很艰难"。我们说"噢，不，我们彼此相爱"。我们认为一切都会很棒。

丽塔：是的，我们以为我们彼此相爱，我们不会有这些冲突。爱可以征服一切。但事实并非如此。结婚就像"欢迎来到现实世界"。现实真的让我们受到了冲击。最初的几个月真的很难，这让我们始料不及。

德韦恩：婚姻并没有我想象中那么特别。我以为会有更多让人难忘的事情。

丽塔：是的，我以为会有更多的兴奋感。

不出所料，朱尔和安东尼表达了类似的观点。

朱尔：有很多低谷。

安东尼：很多事情出了问题，但我记不清它们是什么事情了。

朱尔：这一整年都是一场闹剧。

安东尼：我们的时间似乎都花在了拾起破碎的片段上。

相比之下，德克斯特和米奇回忆起他们过去的麻烦时充满了亲昵、幽默，甚至还有一种胜利感。

米奇：你看过《单身公寓》吗？菲利克斯·安格[1]在这儿。那一年，我们把对方逼疯了。

德克斯特：米奇非常没有秩序、不整洁，而我恰好相反。

米奇：事实正好相反！

德克斯特：或者说现在我们都在中间位置了。

米奇：起初很难，但我们真的都觉得我们对彼此的承诺是永远的。我们知道我们的承诺不会落空；我们证明了我们可以度过那一年中的困难时期。

如果前两对夫妻目前没有陷入婚姻的急流，他们回忆的风格很可能和米奇与德克斯特的类似。重要的不是根据客观标准来评判他们早期的婚姻生活有多么困难，而是他们以怎样的态度去看待那些日子。

---

[1] 菲利克斯·安格是美国情景喜剧《单身公寓》的主要角色之一。他为人刻板、爱挑剔，与妻子离婚后情绪低落，濒临自杀，幸运的是，他的朋友奥斯卡·麦迪逊及时出手相救。——译者

此外，还有三个预示未来离婚的重要因素，这些会让丈夫更加担忧。这可能是因为男性往往比女性更早、更强烈地表现出婚姻受到困扰的迹象。因此，他们可能更热衷于重述历史。

"我们"的感觉还是"各自的生活"。丈夫越是将他的婚姻视为和妻子共同的事业，夫妻俩未来保持幸福婚姻关系的可能性就越大。例如，当德克斯特被问到如何适应和米奇结婚后的生活时，他的回答中与米奇的联结感显而易见。

> 德克斯特：当我们搬进去时，我们一起打理房子，一起管理钱，一切都是共同的。我们一起做饭，打扫卫生。
>
> 米奇：我从来没有在遇到问题时想"好吧，这是我的问题，我会解决的"。我们总是分担任务，一起试着解决。

但是安东尼在回顾他与朱尔的过去时，并没有表达出那种夫妻连心的感觉。相反，他回忆起他当时的疏远感。

> 安东尼：我们试图找到共同的兴趣，但从来没有成功过。（转向朱尔）我们到底为什么结婚？

开放性。如果丈夫记得他过去（尤其是追求期）对未来妻子的具体感受，也是一个健康的迹象。如果他记不得，那就是一个不好的迹象。比较一下德克斯特和安东尼如何回答这个问题——"你是如何决定选择这个人作为你的结婚对象的呢"。

德克斯特：米奇具备我一直在寻找的品质，她举止得体，而且很有吸引力。在她身上，我不会再想寻求其他任何东西。她的品质就是我要找的，而且我找到了。所以这真的很简单明了。

安东尼：身高合适，体重合适，我喜欢高个子女人。

采访者：她还有什么让你印象深刻的吗？

安东尼：不，我不太关注周围的环境。

德克斯特可能会不停地讲述他对米奇的感情。但安东尼却很难回忆起关于朱尔的任何具体细节。尽管他声称自己只是没注意，但他缺乏回应的行为明显表现出他与婚姻保持距离，并重新调整了对过去的看法以适应他当前的态度。

亲昵感。稳定婚姻中的丈夫倾向于深情地谈论他们的妻子，并为她们感到自豪。在后来失败的婚姻中，丈夫不会表达这些积极的情感。

采访者：还记得你们的婚礼吗？

德克斯特：噢，是的，我喜欢它。我一生中从未有过那么多的乐趣。简直太棒了。米奇从来没有像她穿着白色连衣裙走在过道上时那样漂亮。

采访者：你最初对你的妻子有什么印象？

安东尼：她给我的印象是缺乏常识。我不知道，我不知道。当我回想起来的时候，我真的不知道。

你几乎不需要成为一名经验丰富的婚姻咨询师，就可以从这些回忆中得出结论。在接受采访时，安东尼和朱尔的婚姻处于严重困境中，而德克斯特和米奇的婚姻则非常稳定。然而，要清楚地看懂自己的婚姻可能更加困难。如果你试图梳理你对婚姻过去和现在的看法，以下由两部分构成的测试可以帮助到你。

自我测试：讲述你的故事

在 A 部分和 B 部分的所有选项下选择"是"或"否"。

● A 部分 ●

1. 我真心喜欢我的伴侣。

   是　　　否

2. 我可以轻松地讲述我们婚姻中的美好时光。

   是　　　否

3. 我可以轻易记得我们婚姻中浪漫、特殊的时光。

   是　　　否

4. 我的身体对我的伴侣有吸引力。

   是　　　否

5. 我的伴侣有一些让我感到自豪的特殊品质。

   是　　　否

6. 在这段婚姻中,我感受到真正的"我们",而不是"我"。

是　　　否

7. 我们有相同的信念和价值观。

是　　　否

8. 我的伴侣是我最好的朋友。

是　　　否

9. 我在婚姻中得到了很多支持。

是　　　否

10. 我的家是一个让我获得支持和减轻压力的地方。

是　　　否

11. 我可以轻易地回忆起我们的初次见面、求婚场景和我们的婚礼。

是　　　否

12. 我们公平地分担家务。

是　　　否

13. 我们一起做好了计划,对我们共同的生活有掌控感。

是　　　否

14. 我为这段婚姻感到自豪。

是　　　否

15. 我的伴侣有一些让我不喜欢的地方,但我可以忍受。

是　　　否

16. 婚姻是一场斗争,但这是值得的。

是　　　否

A. 数数选了多少个"是"。

● B 部分 ●

1. 我对我的婚姻持悲观的态度。

是　　否

2. 当我想到自己的婚姻时，我能想到很多关于婚姻制度的讽刺的话。

是　　否

3. 我对我的伴侣有很多批评意见。

是　　否

4. 我们过着相当疏离的生活。

是　　否

5. 我们的信仰和价值观非常不同。

是　　否

6. 我不会从"我们"的角度看待这段婚姻。

是　　否

7. 我对我的伴侣没有真正的信任感。

是　　否

8. 待在家里时，我生活中的压力又增加了。

是　　否

9. 我对我们的初次见面、求婚场景和婚礼只有模糊的记忆。

是　　否

10. 各种问题好像一直在困扰着这段婚姻。

是　　　否

11. 我们似乎对自己的生活几乎没有控制权。

是　　　否

12. 我对自己的婚姻感到幻灭和失望。

是　　　否

13. 婚姻并不是我想象的那个样子。

是　　　否

14. 伴侣的缺点对我来说基本上是不能接受的。

是　　　否

15. 这段婚姻中的很多事情非常不公平。

是　　　否

16. 归根结底,我婚姻中的斗争相当无意义。

是　　　否

B. 数数选了多少个"是"。

评分:A 部分的总分减去 B 部分的总分。如果你的最终得分达到六分或以上,表明你对你的婚恋史主要持有积极的观点,这对你们的关系前景来说是一个很好的迹象。请参考第八章中的建议,了解如何继续滋养你们的婚姻并使其欣欣向荣,以及如何避免未来的问题发生。

如果你的得分低于六分,显然你对伴侣的钦佩、喜欢的感觉以及夫妻同心的感觉已经下降到危险的水平。请记住,你如何看待你们的婚恋史可能是预测你们婚姻未来的最有力的指标。请参考第七章,查看关于与伴侣讨论这个问题的建议。一起回忆一下你们最初对彼此的积极感受,这可以为你们提供重建这种联系所需的希望。

现在该怎么办?

我在婚姻方面的大部分研究都试图解开一个谜团,即为什么在某些婚姻中积极性取胜,而在其他婚姻中消极性占据上风。有两对夫妻,他们一开始同样恩爱,同样对未来充满憧憬,但之后他们踏上了截然不同的道路,这究竟是为什么?对其中一对夫妻来说,承诺变成了绝望,他们看着他们的婚姻被混乱、孤独、不信任和绝望所吞噬。他们感觉自己受到伴侣的攻击,将其视为敌人。他们甚至重新塑造过去,以适应这个新的、令人悲伤的现实。而另一对夫妻发现,随着时间的推移,他们对彼此的兴趣不断加深,他们越来越多地参与对方的生活,因此他们的恩爱、希望、亲昵感、钦佩感、承诺感和团结感也不断加深。当这对夫妻回首过去,他们会觉得它熠熠生辉——他们把困难的时刻也视为胜利。

我相信,这些夫妻有截然不同的命运的关键,并不一定是其中一对夫妻比另一对更契合。然而,幸福的夫妻以某种方式学会了熟练地度过任何婚姻都会遇到的艰难时期。正因为如此,"四骑士"从未主导过他们的关系,这些夫妻能够避免沿着婚姻的瀑布急转直下。因此,他们的婚姻比例从未偏离积极性主导的五比一的比例。无论他们婚姻的类型是多变型、确认型还是回避型，这个比例都能让婚姻保持稳定。

这些表明，即使是那些对婚姻状态感到绝望的夫妻此后也可以抱有希望。通过了解你们之间渐行渐远的原因，你们可以开始唤醒所有伤害、误解和孤独之下的美好。接下来的章节提供了挽救婚姻的建议。首先要理解在亲密关系中，男性和女性通常会带着不同的经历和需求，接下来是在困难时期以爱和理解进行沟通，然后继续齐心协力，共同努力，在你们的婚姻状况得到改善后也不要松懈。

第五章

两种婚姻：他的和她的

在电影《甜蜜的梦》的一个场景中，乡村音乐歌手帕茜·克莱恩刚刚结束一场成功的演出回到家。受歌迷的热情感染，她情绪高涨。自然而然地，她想与丈夫杰拉尔德分享她的兴奋。但是杰拉尔德整晚都待在家里搞他的模型船，陷入了自己的世界。他两次问帕茜："怎么样？"却懒得听她的答案。最后，帕茜直接跟他对质，问他到底想不想和她说话。当他抬起头看她时，她正怒目而视。但杰拉尔德完全不知道帕茜为什么那么生气。

在这个经典场景中，一个妻子渴望与冷漠的丈夫建立情感联系——这是一种很常见的婚姻僵局。你自己的婚姻中是否也有类似的模式？在帕茜和杰拉尔德的例子中，他们的互动导致了一个痛苦的恶性循环。他越是冷漠，帕茜就越是沮丧。"我受不了了，"她告诉她的母亲，"这让我想尖叫，想抓伤我自己的脸。"

现在你可能已经清楚地了解了婚姻是如何从美好走向麻烦，再一路下滑到离婚的。但是，在这种婚姻连锁反应的背后，还有一股我们尚未探讨过的关键力量：男性和女性之间存在着巨大的根本性差异。由于生理和社会化的复杂原因，男女往往以非常不同的方式看待人际关系世界。就像帕茜和她的丈夫一样，男人和女人常常"错过"对方，导致一个屋檐下存在两种婚姻：他的婚姻和她的婚姻。

在婚姻中，我发现不同性别间的互动存在非常普遍的模式。但请记住，这个模式并不适用于每个人。一概而论总是危险的，因为它只能反映通用性的情况。因此，请记住，我在这里描述的情况并不适用于所有男性和女性，也可能不适用于你和你的伴侣。但如果你在下文中看到自己和伴侣的影子，你会发现本章对你很有帮助。

让我们先看看一个广为流传的观点，即女性在亲密关系中更自在——她们可以轻松地在强烈情感的海洋中游弋，而男性则更容易感到"迷失在大海中"。我已经一次又一次地看到这个假设得到印证。

你还记得你和伴侣上一次讨论关系中的问题是什么时候吗？是谁提出了这个敏感的话题？我可以打赌，一定是女人。虽然在传统观念中，人们认为女人不是那么自信，但在婚姻关系中，她们往往是情绪的管理者。她们通常比男性更能够警觉情感气氛的变化，也更愿意面对问题。就像帕茜·克莱恩的例子所展示的一样，通常是妻子坚持要谈论问题，而丈夫则试图回避。夫妻之间的这种对抗－回避模式通常是这样的：

妻子（担忧的声音）：有什么问题吗？

丈夫（冷漠的声音）：没有，没事。

妻子：我可以看出来你在生我的气，我能从你脸上看出来。

怎么了?

丈夫(带着烦躁的语气):我已经告诉过你了,没什么事。你能不能别烦我?我只是需要一些独处的时间。

妻子:你在生气。是因为我在晚饭时和玛吉通电话吗?还是因为我周六没问你就约了威尔逊一家?我以为你肯定想去的。

丈夫(转头看向别处):我已经告诉过你了,没有什么不对的!

男性通常不愿意深入探讨情感问题。为什么呢?很大程度上,似乎是因为男女在童年时学到的亲密关系知识存在巨大差异。简而言之,男孩通常不会学习如何通过一些技巧来处理亲密关系中的情感波动,而女孩在这方面则接受了深入的培训。就像一个没有学会游泳就被扔进水里的人一样,普通男人很容易害怕被淹死,而女人则可以每天轻松穿行在情感的旋涡中。除此之外,还有一些令人信服的证据表明,男性对某些情绪的生理反应也比女性更强烈,这就更容易理解为什么深入探讨情感问题在很大程度上脱离了大多数男性的舒适区。

这些性别差异有助于解释为什么男性比女性更容易成为"设阻者",即男性在妻子与他们对质时退缩。正如我们所看到的,设阻是导致婚姻失败的"四骑士"中最具破坏性的一个因素。两性在情感上的根本差异也有助于解释为什么在大多数婚姻中存在某些常见的引爆冲突的领域,即性生活频率、家务分工和育儿。

但是,关于"男人和女人分别给婚姻带来什么"的研究也给我们带来了振奋的消息：你可以采取一些具体的行动，确保你们之间的差异可以丰富你们的生活，而不是损害你们的关系。第一步——也是最重要的一步，就是了解男女之间的差异根源。与大多数情感模式一样，婚姻不和谐的根源或许可以追溯到童年时期。

男孩和女孩：不同的宇宙

要想知道为什么丈夫和妻子在相处时经常会遇到如此多的麻烦，你可能只需要回忆一下自己的童年。或者，如果你的记忆有些模糊，只需要看看孩子们的玩耍方式就可以了。你在游乐场与朋友的互动方式会极大地影响你今天与另一半的沟通方式。原因是：男孩和女孩在游乐场的行为一直以来都存在巨大差异。事实上，我们的成长环境是一个糟糕透顶的训练场，让我们很难在婚姻中取得成功。

给未来婚姻带来的第一个问题出现在学龄前，那时男孩和女孩开始分开玩耍。你经常可以听到小男孩在操场上嘲笑女孩："走开，这是男孩的游戏，我们讨厌女孩。"而女孩即使不是玩过家家而是在搭积木时，也想摆脱男孩。"离我们远点，男孩真恶心。"每当男孩试图打断或加入她们时，她们都会惊恐地尖叫。性别隔离在孩子们很小的时候比较少见，但在童年中期成为标准，在大约七岁时达到顶峰。在一次挨家挨户的调查中，我们发现百分之三十六的学龄前儿童说他们有异性玩伴。到了幼儿园，只有百分之二十三的孩子有异性玩伴。而到了二年级,这样的友谊几乎不存在了。在小学,即使老师强制要求男孩和女孩一起完成课堂项目,你也总能在课间休息时或食堂里看到同性组合,因为在那个时间和场合,孩子们可以选择自己的玩伴。由于这种偏好,男孩和女孩在平行宇宙中长大,在不同的宇宙里,大多数情感规则都是不同的。这可能就是两性之间麻烦的开始。

为什么孩子们会自愿地按性别进行分隔?这种倾向可能部分源于生物学。男孩更加具有攻击性,普遍喜欢粗暴的摔跤、攀爬、奔跑、不受约束的运动、大声喧哗、涉及竞争的游戏,以及需要大空间和很多孩子的奔跑追逐游戏。女孩通常喜欢玩比较安静的游戏——玩玩偶、装扮、玩九宫格、跳房子、跳绳、过家家——她们往往在教学楼附近小范围地玩这些游戏。女孩通常认为男孩是烦人、吵闹的动物,而男孩则认为女孩的游戏方式非常无聊。

人们对与同性交往的偏好持续到成年早期。当然,男孩和女孩在青少年时期会互相吸引,许多人会约会、稳定交往。然而,女孩的好闺密和男孩的好哥们通常是这一时期建立的最深厚、最重要和最持久的关系。

当爱情之花最终绽放时,从学龄前到青年期的性别间避讳可能会产生灾难性后果。毕竟,在童年几乎完全分隔的环境下,怎么能指望一对男女轻易地建立并维持终生的浪漫关系呢?这就像期望一个来访地球的火星人知道如何与地球人亲密交流一样不切实际。

记得我十四岁刚开始约会时,曾在某处读到约会的目的是"逗女孩开心",于是我去图书馆借了一本名为《500个成功笑话》的书,并在周六晚上之前尽可能多地背下里面的笑话。当我接到我的约会对象时，我马上就开始说："你听过那个笑话吗？"我说个不停，给她讲了一个又一个笑话。那个女孩真是可怜！我根本不知道如何与她进行真正的对话。我甚至没有想到我可以和她谈论我和我的男性朋友讨论的事情！我们真的就好像来自不同的星球！

活动还是关系

即使男孩和女孩在孩童时期的游戏中关系比较亲密（就像有些人那样），到了青少年时期及以后，他们之间仍然存在很大的差异。这是因为他们从一开始就倾向于采用迥然不同的情感沟通方式。你可以从孩子们在玩耍时关注的重点看到这种差异。通常情况下，男生最关心的是游戏本身，而女生最关心的是玩伴之间的关系。有句话说："男孩参加团队运动是为了竞争，而女孩竞争是为了成为一个团队的一部分。"尽管近来各方也在重视女孩的体育竞技，但这句话似乎仍然适用。

你有没有注意到，男孩们不会因为争吵而中断重要的游戏？他们并不是不生气——男孩们经常在球场上争吵，为规则争论不休——只是他们似乎不像女孩那样重视争论。如果男孩们在玩游戏时起了非常激烈的争论，最后的决定总是"重新玩一次"。他们的目标是真正地"继续玩球"，而不是让情绪主导自己。从小联盟到最高水平的职业田径运动都是如此。我在电视上观看体育比赛时，经常看到成年球员的表现就像学龄前的男孩一样——彼此大喊大叫、动手打斗、互相辱骂。然而，几分钟后——在被裁判处罚之后，球员们又回来继续比赛，仿佛什么重大事件都没有发生过。他们不会因为不愉快的情绪而停止比赛。最重要的是，对男性来说，相比个体玩家的关系或感受，游戏本身以及强调团队合作、竞争和成就才是最重要的。

这种情绪管理当然有积极的一面。有时，让感情服从于完成工作确实是有意义的。但在婚姻生活中，男人倾向于控制不舒服的情绪，并回避妻子的情绪，这无疑是一种障碍。

女人对待情感的态度与男人截然不同，这源于她们在小女孩时期玩游戏的方式与男孩相反，女孩之间爆发争执往往会导致游戏结束。那是因为对大多数女孩来说，玩跳房子这种游戏并不是为了赢，而是为了相互交流。跳房子是她们交谈和分享感受的开端。如果游戏停止了，女孩们通常会哭泣、威胁，比如说"我不再是你的朋友了"，以及反威胁、噘嘴、通过交谈解决问题。如果一切顺利，她们还会和好如初。

从父母对男孩和女孩哭泣的反应中，我们可以清楚地看到男女在童年时期所学到的不同情感课程。尽管如今有了新的育儿理念，但是如果男孩在操场上哭泣，他们仍然会受到嘲笑。即使父母在孩子的早期教育中鼓励他们表达感情，但他们一旦上学了，同伴的认可对他们来说最为重要。无论是男孩还是女孩，表达情感都被认为是非常"不酷"的，对男孩来说尤其如此。这种环境很快就训练男孩将自己的感情隐藏在表面冷漠的面具后面，而女孩们则有更多的余地。如果一个女孩在比赛中因受伤而哭泣,她很快就会成为焦点,得到女队友们的关心和支持。如果一个小男孩在比赛中受伤,你会看到他拼命挤压面部肌肉、握紧拳头来忍住眼泪。如果他失去冷静,很可能会被朋友们嘲笑,除非他伤势很严重。一个经常哭的男孩会受到无情的蔑视和嘲笑,因为"爱哭鬼"和"懦夫"是男性的糟糕的标签。在童年时期,男孩很快就会意识到,无论发生什么情况,不带情绪地进行回应才是诀窍。

这种压抑在青春期可以通过训练得到强化。《死亡诗社》这部电影中的一幕展示了一个十几岁的男孩尼尔是如何在他父亲的控制下隐藏他所有的正常情感的。在男性世界,"成就和竞争"是唯一的目标,因此感情是禁区。尼尔的父亲坚持认为尼尔应该上哈佛大学并成为一名医生。尼尔激烈地争辩说他不想成为一名医生,但他的父亲回应说:"不要说得这么绝对。"尼尔真正的梦想是成为一名演员,他回答道:"我必须告诉你我的感受!"他的父亲拒绝倾听,并讽刺地回答:"告诉我你的感受?那是什么?"尼尔一脸惊恐,保持沉默。最后,尼尔喃喃自语:"没什么。"他在家里做了"正确"的事——埋葬自己的感受。他父亲满意地离开了房间,因为尼尔终于说出了在这种情况下唯一"正确"的话——没什么。

男孩和女孩在游戏时处理情绪问题的方式截然不同,另一个典型的例子是他们在危险融入游戏时的表现。到了四岁,"男孩的谈话"通常包括讨论冒险和掌握环境的知识。如果男孩被什么东西吓到了,他们会试图在幻想或游戏中克服恐惧,或以此开玩笑。相比之下,当女孩感到害怕时,她们会互相安慰,并讨论自己的感受。

小男孩很少会说"我真的很害怕",相反,他们会想出各种办法,让自己感觉能够掌控相当可怕的外部世界。小女孩应对恐惧的方式与男孩完全不同,她们会鼓励彼此直接表达自己的焦虑,然后扮演父母的角色,说出充满爱、忠诚和亲昵的话来抚平同伴的焦虑。

从幼年时期开始,男孩就学会了压抑自己的情感,而女孩则学会了管理和表达各种情感。难怪当他们长大、相遇和结婚时,男人和女人对表达情感的重视程度往往截然相反。男人更容易将情绪化与弱点和脆弱联系在一起,因为他们从小就被教育要付诸行动,而不是表达自己的感受。而女性则从小就学习如何用语言表达各种情感。

在理想情况下,男性和女性可以在婚姻中互相学习对方的优点——妻子可以引导丈夫接受和表达自己的感情,而丈夫可以帮助妻子看到采取行动和"稳定局面"的好处——这可能不是她的家庭教育所强调的。但有时,在婚姻中男女之间的差异会成为祸害,而不是好处。当女人期望与丈夫拥有和女性朋友一样的亲密关系时,她可能会大失所望。同样,如果一个男人希望在与妻子相处时复制他的"哥们"关系,他可能会因为妻子需要谈论感情或需要维持情感上的亲密度而感到不知所措。当他发现她要求的强度超出了他的舒适区时,他可能会退出。在幸福的婚姻中,夫妻双方通常可以解决这些分歧。但在消极情绪占上风的不稳定婚姻中,这两种情感风格可能会发生剧烈冲突,"四骑士"会由此乘虚而入。

生理根源

男女童年经历的巨大差异并不是导致两性情感风格迥异的唯一原因。我认为,造成这种差异的主要原因可能是某些基本的生理差异,以及我们的社会对它们的反应方式。换句话说,我认为婚姻冲突既有心理基础,也有生理基础。为了充分理解为什么丈夫和妻子经常无法满足对方的需求,我们必须认识到,从童年开始,男女可能在生理上就会对情感冲突做出不同的反应。

例如,下次你去超市时,可以环顾四周,看看哪个性别的幼儿在发脾气。那些挥舞拳头、踢腿的孩子很可能是男孩,而不是女孩。发脾气和控制情绪是所有幼儿或多或少都会面临的问题,但在一项研究中,父母要跟踪他们孩子发脾气的情况,结果显示男孩发脾气的次数比女孩多得多,而且持续时间也更长。原因似乎是男孩比女孩更难从悲伤和愤怒等强烈的情绪反应中恢复过来。这也许是因为小男孩更难控制他们与生俱来的攻击性情感,因此相比于女孩,他们接收到更多"情绪表达是不好的"的信息。

例如,当三岁的亚历克斯得知他必须从游乐场回家时,他躺倒在地上又叫又踢。十分钟后,他沮丧的妈妈把他抱到了车上。她费力地抵抗着他狂野的拳打脚踢,勉强把亚历克斯绑到了他的汽车座椅上。他的脸涨得通红,声音因尖叫而变得沙哑。他们回到家后,即使经过五分钟的"禁闭室"惩罚,他仍然持续踢打和大喊大叫。

他不停地敲打卧室的门，用尽全力尖叫着。他的声音听起来撕心裂肺，以至于他妈妈担心新邻居会认为她正在殴打他。他的禁闭时间延长了五分钟。最后，亚历克斯筋疲力尽，平静下来，继续过他的一天。亚历克斯从这次经历中学到了什么？由于他很难摆脱负面情绪，所以他受到了妈妈的严厉管教，这告诉他她不赞成他的行为。

相比之下，三岁的安佳丽在妈妈告诉她该离开秋千时也提出了抗议。安佳丽又哭又闹又跺脚，她骂妈妈是"愚蠢的妈妈"，然后像亚历克斯一样被抱上了车。但当车驶出停车场时，安佳丽已经跟着磁带播放机里的《小飞侠》磁带唱了起来，高兴地哼唱着"我不会长大"。与亚历克斯不同，她回家后连一次"禁闭室"都不需要进，妈妈对她的不满也减少了。

这就是男性和女性在情感方面的主要区别：男性在成长过程中更难从沮丧中恢复过来，他们被告知要压抑情绪，学会回避情绪；而女性更容易从沮丧中走出，她们被鼓励重视表达情感，并学会表达和探索情感。

男性和情绪淹没

就像游乐场上的小亚历克斯一样，男性往往比女性更容易情绪激动，而且情绪爆发的持续时间更长，这让他们更容易受到压力的影响。我们在自己的实验室里看到了这一点：在讨论棘手的婚姻问题时，男性的血压和心率升高速度会比妻子快不少，而且持续升高的时间更长。

要想知道男人和女人情绪激动的不同程度,请看柯克和艾格尼丝在讨论他们的一个主要矛盾时心率的差异——她对两个年幼的女儿吼叫的意愿超过了他的意愿。在谈话开始之前,两人的心率都在正常范围内——他的心率是每分钟约七十五次,她的心率是每分钟约六十二次。但当柯克开始向艾格尼丝倾诉他的担忧时,他的心率因期待她的反应而飙升。

柯克:你不喜欢孩子发脾气、生气,却给她们树立了负面的典型,自己大声喊叫来纠正她们,这是行不通的。

(心率:每分钟约九十六次。)

艾格尼丝:我并不是说这样做是可以的。但有时候,就像孩子们会把老师逼得太紧一样,如果你不对她们大喊大叫,她们就不会有任何反应。有时候你必须提高你的音量。你知道吗?我希望我不会像这样大声喊叫,我希望我更像你。

(心率:每分钟约六十二次。)

柯克:(叹气。)

(心率:每分钟约九十六次。)

艾格尼丝:但当我们的孩子不喜欢袜子颜色的时候,我不认为我大喊大叫是她们发脾气的原因。

柯克:我认为有时你可以让她们知道在这种事上她们没有选择,而不是,呃,对她们大喊大叫,导致整个局面失控。

艾格尼丝:嗯,对我来说,我觉得我们的孩子没有完全接受我们的权威。我注意到你会让她们争论不休，然后试图说服她们。对"如何管理五岁和三岁的孩子"，我坚信"她们要听从我"。

（心率：每分钟约五十六次。）

柯克：（吞口水。）

（心率：每分钟约八十七次。）

柯克的心率迅速上升并且需要很长时间才能恢复，这是男女非常重要的生理差别。生理上的激动本身使他很难倾听艾格尼丝的意见。在他们讨论的期间，他的高心率也意味着他可能分泌了大量的肾上腺素，这导致他最终后退，并有了设阻行为。

对于两性之间的这些生理差异，主要有两种解释。

第一，男性的自主神经系统控制着身体大部分的压力反应，这使他们可能更加敏感，并且需要更长的时间才能从情绪困扰中恢复过来。我并不是说女性在婚姻压力面前"无懈可击"，而是说与男性相比，女性可能需要经历更激烈的冲突才能感受到其有害影响。这可能解释了为什么女性比男性更愿意直接面对潜在的"爆炸性问题"。

第二，男性可能更容易产生反应，因为即使他们退出争论，他们也更有可能重复想让他们不安的负面想法。如果你会读心术，你可能就会听到他们内心深处这样的想法，比如："我不需要忍受这些废话"，或者"都是她的错"，或者"我会让她为此付出代价的"。这样的内心脚本，无论是义愤填膺型，还是无辜受害型，显然都不能让他们进行自我安抚。与女性相比,男性似乎更难放松警惕,比如和伴侣说:"亲爱的,让我们来谈谈吧。"

这些生理差异对婚姻造成的最具灾难性的结果是:当紧张局势加剧时,男性比女性更有可能成为设阻者,而且是有破坏力的设阻者。男性设阻实施冷暴力的倾向并不令人惊讶。我们一再发现,在紧张的婚姻交流中,男性更容易被情绪淹没。事实上,往往第一个"骑士"——批评就足以压倒男人。对女性来说,至少需要经历第二个"骑士"——蔑视,她们才会感觉到极端的痛苦。由于男性在生理上对压力的反应更加强烈,他们更有可能需要通过退缩来保护自己。另外,他们在童年时期的经历让他们反复认识到应该抑制自己的攻击性和焦虑情绪。所以,百分之八十五的设阻者都是男性,这一点不足为奇。如果你在婚姻中也经历了这些,那么你并不孤单。

虽然设阻可以保护男人免受压力,但正如你可能已经发现的那样,它会给妻子带来巨大压力。让我们回头看看柯克和艾格尼丝关于管教孩子方面的分歧。当柯克继续抱怨艾格尼丝的育儿习惯时,她觉得受到了攻击。她把感受说了出来,这让他开始了设阻。而现在,她正在伤心流泪。

艾格尼丝(哭泣):嗯,亲爱的,我一直说我需要控制自己,不要大喊大叫。但我不明白为什么你从不说"好吧,我也会尝试改变做法"。总是我的错。最后我总是说我会更加努力。

柯克(咂嘴):你还有其他要说的吗?

(他在设阻的时候停顿了很久,艾格尼丝看着他,仍然在哭。)

艾格尼丝:不,没有了。

(在他设阻期间,他的心率是每分钟约八十四次,而她的心率达到了每分钟约九十次。)

柯克的设阻行为最终使艾格尼丝的心率高于正常水平。男人的设阻行为往往引发他和妻子的应激反应,但原因却截然不同。男人心烦意乱,这可能是因为他默默坐在那里的时候脑子里一直在想着那些让他痛苦的事情。但是,他筑起的这堵墙给妻子带来了痛苦,因为她认为这代表不赞成和拒绝。习惯于与女性朋友一起解决情感问题的妻子可能会觉得丈夫的退缩是毁灭性的。在她们看来,这种行为令人愤怒、难以理解。

你还记得二十世纪七十年代流行歌曲中的这句歌词吗?——"需要别人的人是世界上最幸运的人"。男性似乎没有女性那么强烈地需要与他人建立联系,他们往往通过自我逃避来避免情感冲突。只要这种逃避不会导致长时间的孤独,他们就会感觉还不错。无论他们是去木工房、玩电脑游戏、慢跑还是开车兜风,男人的主要目的都是逃避过山车式情绪。如果你让一个男性设阻者描述一下他的心态,他通常会说:"我在尽量不做出任何反应。"尽管他的妻子认为他的沉默是一种敌对行为,但他还是觉得自己处于中立状态。

另一方面,如果你是一名设阻的妻子(有这样的女人),你可能不会给你的丈夫带来太多身体上的痛苦。事实上,像大多数男人一样,当你从情感对抗中退出时,他可能会感到很欣慰。至少他知道自己不会受到攻击，而且退缩和回避毕竟是男人非常理解的反应。此外，如果你就像大多数女性设阻人一样，当你退缩时，你往往会专注于自我安慰的想法，例如："我真的很爱他""很抱歉他这么难过""我没必要把他的愤怒放在心上""这真是一段美好的婚姻，他只是因为工作而心情不好"，或者"放轻松，一切都会好起来的"。有了这种积极的自我对话，就不难理解，在经过一段时间的退缩后，女性设阻者比男性设阻者更容易原谅对方，这对双方来说都更容易一些。

然而，不管是谁在设阻，正在讨论中的问题都没有得到解决，毕竟，当你的配偶不在状态时，你不可能独自解决婚姻问题。

平衡婚姻之船

一般来说，从生物学角度来看，女性更希望公开问题并解决问题，而男性则更倾向于回避问题。因此，即使你们夫妻关系稳定，你也可能发现你们在处理婚姻问题时有一些不相容的方法。即便在良好的婚姻关系中，也总存在一定程度的不平衡。女性通常是夫妻情感的舵手，掌管着夫妻关系的舵盘，时刻解读着情感的风向，决定是直接冲向风暴还是改变航向。如果你扮演这个角色，你想去直面问题，但你的丈夫可能会选择在下面安然挺过不可避免的风暴，用他的短波收音机收听棒球比赛。你的丈夫可能更加理性，想息事宁人。即使他不回避问题，也会尽量将问题最小化。如果你们的关系在不幸婚姻的压力下开始恶化,这些性别差异可能会被夸大,使情况变得更糟糕。

事实上,我们发现,总体而言,在幸福的婚姻中,两性在情感表达上没有差异!但在不幸的婚姻中,我们一直谈论的性别差异都会浮现出来:男人更具防御性;男人试图把情绪保持在中立轨道上,但女人则不会;因为男人更容易被情绪淹没,所以他们会回避妻子的负面情绪,热衷于设阻。而男人的退缩和防御只会助长妻子的挫败感。

男性和女性之间的这些差异可以通过多种方式让婚姻急流而下。以下是我总结的婚姻中最常见的性别相关问题。你可以与伴侣一起阅读,看看其中是否有符合你与伴侣关系的描述。

当婚姻连锁反应开启时,丈夫和妻子往往会有不同的抱怨,内容非常具体。丈夫吐槽妻子的抱怨、批评和情绪化。他们会说"我的妻子总是很唠叨"或"我的妻子脾气太火暴"。妻子的抱怨内容主要是丈夫的冷漠退缩,她们会说"他不愿意好好聊聊"或者"我就是搞不懂他"。

男性更容易"过于理性",淡化情感。他们甚至可能认识不到有时候问题就是源于情感淡化,因此需要打出情感牌来解决,而不需要拿出一个简单实用的解决方案。在电影《母女情深》中,奥罗拉和加勒特相处的一幕展现了女性对表达情感的需求以及男性即便是对积极情感也要避免的倾向,这给双方都带来了不适。奥罗拉告诉加勒特她爱他,但他没有回应,于是她问——他对她表达爱意是否有任何反应。加勒特没有意识到问出这个问题对她来说有多么困难,他开玩笑地回答:"我不知道该说什么,除了我那个一成不变的答案。"奥罗拉问他这个一成不变的答案是什么,他回答说:"我也爱你,孩子。"这个答案伤害了她,因为它是"一成不变的",而不是他对她发自内心的感情。

女性更有可能抱怨和批评自己的伴侣。通常是妻子首先提出批评(尽管双方同样可能表现出轻蔑或防御)。例如,格雷格正在为家人做晚餐,他的妻子佩吉无法放手让他完全"独立完成"——她觉得她必须监督他做每一个动作。她打断了他好几次,给他指示,告诉他哪里做错了。事后,佩吉发表了自己的看法:"我只是想帮忙。我只对他说了一句'你切洋葱的方法总是错的'。他就噘起了嘴,一言不发地出去散步了。最后我自己做了剩下的晚餐,我感到非常恼火。"

从格雷格的角度来看,他觉得自己受到了攻击。"当她这样追着我喋喋不休时,与其说她是在进行言语攻击,不如说她是在进行身体攻击。"他解释道。因为男人很容易被情绪淹没,妻子的批评很容易让丈夫退缩。这时,妻子很可能会把丈夫的反应理解为对她的拒绝,因为她没有意识到他是感到压力过大——即使她因为他的退缩受到了一点伤害,也无法想象他的退缩源于这样一个轻微的批评。由于不了解丈夫的强烈感受,所以她认为丈夫的反应完全不合理。

很多夫妻都会陷入"要求-退缩"循环:妻子要求丈夫更多地直面情感问题,导致丈夫进一步往后退,从而使妻子的要求升级。例如,戴安娜正在与比尔谈论她的感受和想法,以及如何改善婚姻中的沟通方式。比尔没有回应妻子的感受，也没有表达自己的感受，而是倾向于尽量减少情绪化，甚至很少触及妻子提出的问题。她不断试图让他对自己提出的问题做出回应。

戴安娜：除非我们中的一方真的很生气，否则我们不会坐下来讨论任何事情。你知道，很多家庭都有他们所谓的每周例会……他们会坐下来谈论这一周发生的每一件事，谈论他们喜欢的事和不喜欢的事。

比尔：以前我们家里就有这些啊。

（他没有回应她关于他们沟通不足的担忧，也没有就每周开会或选个时间沟通发表看法。这是一种比沉默不语更隐蔽的设阻行为，但效果却非常相似。）

戴安娜：如果你想一想，就知道一个家庭应该像一个企业一样运作。你每周都开员工会议，会上每个人都可以沟通问题，了解进展。

比尔：你想知道我们在工作中遇到的主要问题是什么吗？

（同样，他的回答没有提到他们沟通的问题，也没有提到他是否认为每周一次的会议对他们来说是个好主意，他没有给她任何反馈。）

戴安娜：有多少次我问你出了什么问题，你什么也不说，然后一周或一个月后你才说出问题在哪里，而我可能永远都猜不到是什么。

比尔：我不知道为什么会这样，你几乎可以在工作中问任何人，什么事困扰着他们，呃……总是沟通，这是个大问题。

（他回应的方式是转而讨论另一个话题，而不是讨论像他们婚姻中的沟通问题这种激起人情绪的话题。）

戴安娜：你知道吗？有时候我真的觉得，我们都结婚这么久了，而你根本就不了解我。

比尔：不，我觉得我们俩都是这样……也许吧。

戴安娜：但是当我问你是不是有什么问题时，你却会因为我问你而生气。

比尔：嗯，这很难，你知道（停顿）很难，你知道（停顿）我很难举出例子来回答你。

（现在比尔开始来回扭动。他的重复和停顿表明这场谈话让他感到非常不舒服。他告诉妻子的意思基本是"我无法回答你"。）

这种互动会产生恶性循环，尤其是在矛盾重重的婚姻中。妻子越是抱怨和批评，丈夫就越会退缩和回避；丈夫越是退缩和回避，妻子就越会抱怨和批评。要想避免冲突不断的婚姻土崩瓦解，就必须打破这种循环。

当妻子注意到丈夫在紧张的对话中退缩时，她往往会觉得自己必须增加互动的强度，让丈夫持续进行回应。她可能会想：嗯，我并没有引起他的注意。也许我让他知道我有多生气，他就会明白这个问题对我来说真的很重要。不幸的是，如果妻子飞扬跋扈、充满蔑视，可能会更加激起丈夫的回避态度，因为他觉得要被情绪淹没了。

我在对新婚夫妻进行研究的时候，发现有一对夫妻展示了这种互动方式的典型特征。在下面的对话中，珍妮误读或不欣赏迈克较为冷静的态度，她感觉他从不好好听她说话，很难对她担忧的问题做出回应。在她看来，他太轻视她了。她开始用敌对和嘲讽的方式，似乎试图引起他的某种反应。

迈克：现在你在说什么？

珍妮：我是说当我跟你说话的时候，你根本不听我说话。让你去收拾一下碗盘，甚至洗个碗，我能说四五百万次。我不介意你做饭后把锅留给我，但当我要求你洗碗时，你甚至懒得动……或者就像这个周末和爸爸在一起时一样，我把电话递给你，但我完全不知道发生了什么。我甚至不知道爸爸是否会来城里。

迈克：那么问题是什么？

珍妮：哎呀，你根本没有在听，你根本不理解。你根本不会这么去说话——"是的，我听到了"或者"不，我没有。是的，这听起来是个好主意。不，那不是"。因为你没有好好听，甚至分不清我是在提出一个想法，还是我只是说出来看看你是不是在听我讲话。

（珍妮的脸涨得通红。很明显，她非常生气，对她丈夫持续地不回应感到非常沮丧。）

当妻子完全被情绪吞噬时,她经常会开启"厨房水槽"模式——把过去和现在的各种抱怨都提出来,数怨并诉,并夹杂着讽刺和蔑视。这种策略当然会让丈夫不堪重负,导致进一步的退缩。以下是迈克和珍妮在稍后的争论中的另一段摘录。

珍妮(她重重地叹了口气):我提出任何事情,你从来不给我一个直接的答案。

迈克:你没有提问题啊,你只是发表评论。我应该如何回答一个评论呢?我可以变得非常烦躁和生气,但这样做毫无意义。

珍妮:你觉得任何事情都是毫无意义的。你觉得做饭没意义。你觉得谈论我们一天的所作所为没意义。

(她已经升级到了消极诠释、好战和数怨并诉。)

迈克:当我们日复一日、年复一年做着一样的事情时,确实是没什么意义。

(他完全回避了她的问题。而且,他在讨论她在对话中使用的词汇,并回避了缺乏沟通这个令人更痛苦的话题。)

珍妮(面红耳赤,再次快要哭出来):至少这是在谈论一些事情,而不只是整晚坐在那里看愚蠢的电视。你现在就只会这么做。(她继续开启"厨房水槽"模式)你回到家的第一件事就是跳上沙发,你不会说"你今天过得怎么样?有没有令人兴奋的客户?",你不会!(嘲笑丈夫)你只会说"噢,你回来了,好吧,那挺好",然后就又回去看电视了。

珍妮最后的回应充满了嘲讽和批评——但如果她想阻止丈夫完全从他们的讨论中后退，她必须学会避免做这种回应。

婚姻中容易激起情绪的话题：性和家务

尽管性别差异可能导致许多婚姻问题，但有两个冲突非常频繁，值得特别一提。这两个冲突就是夫妻的性生活频率和家务分工。尽管这只是可能导致夫妻争吵的众多因素的两个，但在性别差异方面它们非常重要——男性和女性都需要理解对方的观点。因此，我觉得有必要在这两个方面给出一些建议。

男性通常比女性更渴望性生活。由于男孩和女孩在整个童年时期以不同的方式进行社会交往，不同性别在性爱方面接收到的信息几乎完全相反。男孩学会了把性看成与情感交流无关的纯粹的快乐，或者把性看成与女孩亲近的工具。对许多青年男性和成熟男性来说，发生性行为不需要情感先决条件，因为亲密是性行为的目的而不是原因。

相比之下，女性通常需要先感受身体和情感的亲近和温柔，然后才想要发生关系。对大多数女性来说，做爱是为确认亲密关系，而不是为创造亲密关系。我已经记不清有多少次听到女性抱怨："他从不抚摸我或说甜言蜜语，除非他想要做爱；而我需要每天都得到爱抚才会有性欲。"或者："他上来就碰我的敏感区域。我不想让他一开始就碰我的乳房或阴蒂。尽管我告诉他了，他也从来不记得我喜欢先被抚摸、拥抱、亲吻、按摩,喜欢受到珍视的感觉。如果不这样,性爱的感觉并不好,像是一种侵犯。"还有另一个经常会让女性反感的问题:即使两人关系疏离,争吵不断,互相置气,男人也想要有性行为。这种差异可能会让女性在婚姻中逐渐远离性表达,从而导致严重的婚姻问题出现。

要解决这个问题可以做什么?这里主要的建议是针对男性的。学会理解你妻子对性亲密先决条件的要求。当然,每个女人都是不同的,你必须学习、记住并利用你所发现的妻子的喜好。不过,一般来说,如果你在其他时候对妻子表现出身体上的亲昵、体贴、关心、兴趣和尊重,那么妻子可能会觉得在性方面与你更亲近。做爱本身也是如此,学会花时间享受妻子喜欢和需要的欢愉类型。对女性来说,你也必须理解这种性愉悦方面的性别差异,并在某些时候满足你丈夫的需求和偏好。

与性生活相比,家务似乎显得微不足道,但在女性看来,家务却是影响性生活和婚姻整体质量的主要问题。我曾采访过一些新婚男士,他们自豪地对我说:"我才不洗碗呢,那是女人的事。"两年后,这些人又问我:"为什么我和我的妻子不再做爱了?"他们只是不明白,他们对待家务的态度对妻子是多么有侮辱性。如果把妻子当成仆人,那么夫妻关系中更亲密、更脆弱的部分肯定要受到影响!如果家里只有妻子一个人清理卫生间,这绝对不会激发她们的性欲!

如果你是丈夫,振振有词地说"我不会这样,我做了我应该做的事情",那你需要好好看看你实际上在家里做了多少事情。男人不会如实讲述自己在家务和育儿方面的付出,几乎每个男人都会高估自己投入的时间。有一组自称"思想解放"的男性,他们表示妻子的事业和自己的事业同样重要。但在这五十个人中,没有一个人曾主动与妻子讨论如何分配家务。即使两口子都有工作,女性也总是承担大部分家务。一项研究表明,与坚持传统男性观念并公开表达"男子气概"的男性相比,声称支持女权主义思想的男性平均每天只多做四分钟的家务,这相当于多洗一个锅或多吸一块地毯。

当你在家务方面参与太少时,你传达给妻子的信息是不够尊重她。下面是劳伦斯和玛莎之间的一段对话。劳伦斯对维持房子整洁不太在意,玛莎则认为家务是两个人的事情,而她已经在做自己的那部分了。劳伦斯似乎没有看到他不做家务与她对他的感受之间的关联。请思考一下他们的对话吧。

玛莎:我不想住在乱糟糟的房子里……你不能把我们的房子看作我自己的房子,不能觉得你只是帮帮忙而已。

劳伦斯:你对我没有按照你的标准做家务感到不满吗?

玛莎:是的,我很不满。

劳伦斯:那你为什么不都自己做呢?

玛莎:我不可能全部都做,你难道不明白吗?你从来都不明白,永远也不会明白。

劳伦斯:是的,我不明白。我可不想一辈子都在房子里瞎忙。

玛莎:如果你连一半的活都不想做,那谁来做呢?你指望谁来做呢?

劳伦斯(咳嗽):我不知道。

玛莎:可以再回答下吗?

劳伦斯:找个保姆……

玛莎:在我们负担得起雇保姆之前,我不想让你帮我做"我的家务",因为我告诉你,女性的角色是……

劳伦斯:我才不在乎你所说的角色……

玛莎:当你在打扫卫生时,你在帮谁?

劳伦斯:我在帮你。

玛莎:不,你在帮我们。

劳伦斯:我们?

玛莎:我们是两个共同生活的人。我们是"我们"。

后来,玛莎告诉我,她已经"放弃"了让劳伦斯做他分内的事了。可悲的是,玛莎并不是唯一一个面对这种情况的女性。即使是受过良好教育、有能力、自信的女性,也接受了自己作为"贤妻"和"良母"的角色。她们往往不愿意向伴侣寻求更多的帮助,尽管她们感到被剥削,但宁愿自己做家务,她们也不愿意无休止地争论这个问题。

当然,也有很多男性会"帮忙"。但有时,家务和育儿方面的不平等还存在更微妙的一面。弗吉尼亚是一个幸福的妻子、三个孩子的母亲,也是一名全职教师。她告诉我,她和她的朋友们经常拿自己的丈夫开玩笑。"我们想到我们的丈夫——他们中的许多人都是受人尊敬的教授、艺术家、科学家和社区领袖——就像我们家里的另一个孩子一样。"她笑着说，"就我而言，我丈夫比我认识的大多数男人都要好——他打扫卫生、购物、照顾孩子。但真正让我头疼的是，他总是问我'蛋黄酱在哪里？'或者'我们需要从商店买什么'。有时，我想对他吼'自己想办法吧，你和我一样会数洋葱'，但我知道不应该那么生气。"她沮丧地叹了口气说道。旧有的观念真的很难得到改变！

那么解决方案是什么呢？心理学家克莱尔·拉宾和佩珀·施瓦茨发现，当妻子和丈夫可以公平分配家务并都认可分配方式时，夫妻双方都会受益。家务和育儿方面的不平等对女性的婚姻满意度有着深远影响，这也必然会影响男性的婚姻质量。

简而言之，男性可以通过接受做家务和照顾孩子不只是女性的责任来绕过这个常引发婚姻问题的领域。做家务和照顾孩子是夫妻共同的责任。如果你是丈夫，做家务并不是在帮妻子的忙，而是在参与必要的家庭事务，让你的生活更加舒适。试着把家务劳动看作一种很好的锻炼。做家务时，有一些隐藏的情绪会让人觉得垃圾看起来比实际重，堆积的碗看起来比实际高，因此要留意这些情绪。记住：更多地做家务和照顾孩子的男人拥有更和谐的性生活和更幸福的婚姻。

做家务对男人的健康也有好处。这看起来可能有些牵强，但我们发现，男人做家务的更高频率与四年后身体更健康的可能性直接相关！也许解决了这个重大的婚姻问题，就意味着家里的冲突会减少，男人在这些年里承受的压力也会减少。

许多在其他方面很有主见的女性不愿意在这些问题上与丈夫发生冲突，尤其是在照顾孩子方面。也许她们认为照顾孩子主要是她们的责任，因此她们会对寻求更多帮助感到内疚。男性最好对育儿和家务方面的不平等现象保持警惕，并适时询问妻子是否有问题。男人的体贴会为他们加分不少。

给他和她的建议

男性和女性在诊断不顺利婚姻的过程中，追踪问题的方式存在差异。让我来总结一下这些差异。

解决冲突的首选方式

在婚姻中，妻子往往是亲密关系的看护者，因此她们往往是最终提出问题的人。女性对社交活动的记忆力比男性更好，并且更善于排除强烈负面情绪的干扰。而男性在负面情绪变得强烈时，更有可能希望避免冲突。在真正理解和体谅妻子的感受之前，他们会试图表现得理性，寻求和解。他们往往会急于尝试通过理性的方式来"解决问题"（通常意味着让问题消失）。

"**四骑士**"。丈夫擅长设阻，而妻子更可能会批评数落他，这可能会使得丈夫被情绪淹没（大多数女性需要经历明目张胆的蔑视才会情绪失控）。情绪淹没又会进一步导致丈夫设阻。

维持痛苦的想法。男性比女性更容易滋生这类想法，这或许可以解释为什么男性比女性需要更长的时间才能从生理唤醒中恢复过来。女性比男性更擅长自我安抚。

婚恋史。令人惊讶的是，丈夫的回忆在这里起着关键作用。在关于婚恋史（包括他们如何相遇、婚礼怎样进行等）的访谈中，丈夫的回应远比妻子的回应更能帮助我们对夫妻关系的走向做出准确预测，比如他如何谈论对妻子的喜爱、他的"我们"意识、他的敞开心扉（大量谈论他们如何相遇、相知和他最初心动的原因）以及他对婚姻的失望程度。因此，丈夫在回顾过往的时候，可以更加努力地将消极想法转变为积极想法，通过回忆更多的美好时光来帮助改善婚姻。

在接下来的章节中，我将详细介绍夫妻二人都可以采取的措施。无论你认为你们偏离轨道多远，这些建议都可以使你们的冲突变得更有建设性，而不是充满破坏性。但是，就像存在"他的"和"她的"两种婚姻一样，某些建议更适用于男性而不是女性，反之亦然。因此，在阅读本书的余下部分时，请记住以下的一般性建议：

给男性的建议：拥抱她的愤怒

我能给那些希望婚姻顺利的男人的最重要的建议是尽量不要回避冲突。回避冲突并不会让问题消失——相反，冲突得不到解决只会让你的妻子更加难过。你要意识到，她需要倾诉心中的苦闷以保持关系的顺利发展。虽然她发泄感受可能会让你不太愉快，但她正在努力通过这种方式保持你们的婚姻健康。试着记住，她的目标并不是攻击你个人，尽管当挫败感导致她用蔑视和讽刺来表达不满时，她的行为看起来像是在针对你，但你如果可以陪她一起度过这种不适的时刻，倾听她的批评，而不是坚持认为她是在夸大其词或无事生非，她就会冷静下来。如果你拒绝倾听，她会变得焦躁不安，并可能使冲突升级，这样更有可能让你感到被情绪淹没。

例如，你的妻子告诉你如何把厨具放进洗碗机，说："我已经说了一百次了，要把玻璃杯放在上面。如果你放在其他位置，它们就不会变干净。"你可能会想：我把杯子放在哪里有什么区别？谁会在意它们上面有几道痕迹——我们又不是要招待总统。这样你可能会试图结束对话，离开她或者反驳她。

在这种情况下，试着对自己说一些安抚的话，比如："这对我来说可能不重要，但显然对她很重要，所以我会倾听。她之所以愤怒，是因为她想强调这对她有多么重要。她只是想确保她能引起我的注意。"在听完她的抱怨后，如果改变方式能让她更开心，何乐而不为呢？或者，你可以用一种友好、幽默的方式，提议做一个科学实验，看看是上面的杯子更干净，还是下面的杯子更干净。毕竟，对你的妻子来说，最重要的不是杯子的干净程度，而是你对她感受的认可。

这并不意味着你必须"屈服"于你妻子所有的批评，但你应该始终尊重她的意见，试着去理解她在说什么，而不是像自动驾驶仪一样做出反应。在任何情况下，你都可以对回应你妻子要求的方式做出选择。如果你能进一步意识到，在你的妻子批评你时你会产生防御倾向，你就可以学会缩短这种负面反应的时间。这样，一场争论只会持续一两分钟，而不是一个小时或更长时间。

最重要的是，请记住，你的妻子真的很在意你们的关系。这就是她一直与你对质的原因。她希望你们能一起解决问题。如果你想让你的婚姻顺顺利利，你就必须心甘情愿地接受你妻子的一切——包括她对你看似微不足道的批评。

给女性的建议：温柔地面对他

为了摆脱需求－回避的恶性循环，你需要意识到你和你丈夫在情感上来自不同的星球。在我们的文化中，女性仍然承担着在婚姻中提出问题的主要责任。但是，你需要尽量以平静、温和的方式提出问题，否则你的丈夫可能会后退。如果他试图通过改变话题等方式过早地打断重要的对话，不要认为这是针对你个人的。要让他正视你们之间的冲突，但同时让他知道你并不是在攻击他，这一点至关重要。不要说"你从来不把碗碟放入洗碗机"，可以试着说"当你不把碗碟放入洗碗机时，我感到不开心"或者"可能这对你来说不重要，但对我来说很重要，所以我们需要谈谈这个问题"。

当你批评你的丈夫时，记住告诉他你仍然爱他，你只是想让他改变某种行为。尽量避免从抱怨滑向批评，再滑向蔑视。这样他会很容易被情绪淹没，然后冲突会迅速升级。如果你让他知道，一起谈论困扰你的事情是爱情保鲜的一种方式，就会更容易地让他持续参与进来。

你看，总的来说，女人比男人更擅长处理热的东西。我的妻子可以徒手倒出一锅热气腾腾的意大利面。而我用一模一样的锅就必须使用很多隔热垫。如果我试着用她的方法端起锅，我的手就会被烫伤。这与男女在情感方面的差异并没有太大不同。

对双方：接受

最后，我能给你们俩的最好建议就是接受你们之间的差异。由于生理和文化差异，你永远不能指望异性完全了解你是谁以及你想要什么。确实存在着两种婚姻：他的和她的。但是，通过欣赏和尊重你们之间的基本差异，这两种婚姻可以在相互支持、和谐相处中共存。

第六章

你的婚姻：诊断

现在，你已经做了一些分析你们婚姻的几个关键领域的测试，清楚地看到你们关系中的断层线和动摇点在哪里，这是让你们的婚姻更加稳固的第一步。就像血液测试的结果可以帮助你了解哪些项目是健康的、哪些需要关注一样，这些婚姻测试也能提供类似的帮助。在接下来的章节中，我将提出一些补救措施，其中一些是针对这些诊断结果的，另一些则适用于大多数夫妻。

你的婚姻诊断清单

通过检查可能存在问题的任何领域，总结你的婚姻诊断结果。

1. 婚姻类型（第 50 页的测试）：你和你的伴侣在解决冲突的方式上是否存在差异？（回避型？确认型？多变型？）

你：是　　　否　　你的伴侣：是　　　否

2. 爱与尊重（第66页的测试）：你的婚姻中是否有足够的爱和尊重？

你：是　　　否　　你的伴侣：是　　　否

3. "四骑士"：你或你的伴侣是否存在"四骑士"中的某个问题？

（1）批评？（第86页的测试）

你：是　　　否　　你的伴侣：是　　　否

（2）蔑视？（第92页的测试）

你：是　　　否　　你的伴侣：是　　　否

（3）防御？（第103页的测试）

你：是　　　否　　你的伴侣：是　　　否

（4）设阻？（第110页的测试）

你：是　　　否　　你的伴侣：是　　　否

4. 痛苦维持型想法：你想法的特征是"无辜受害者"模式吗？（第127页的测试）

是　　　否

5. 痛苦维持型想法：你想法的特征是"义愤填膺者"模式吗？（第127页的测试）

是　　　否

6. 疏远和孤立的连锁反应：你处于疏远和孤立的连锁反应的什么位置？是情绪淹没吗？（第135页的测试）

是　　　否

7. 你认为你的婚姻问题严重吗？（第144页的测试）

是　　　否

8. 你认为不值得与伴侣讨论事情吗？（第146页的测试）

是　　　否

9. 你们是否已经把你们的生活安排成平行线？（第148页的测试）

是　　　否

10. 你在婚姻中感到孤独吗？（第150页的测试）

是　　　否

11. 你的婚恋史（第160页的测试）：你对自己的婚恋史有何评价？在婚姻中，你的消极感受多于积极感受吗？

是　　　否

诊断及补救措施

让我们逐一看看这些诊断以及你可以从哪里寻求帮助来进行治疗。

婚姻类型

如果你和你的伴侣在解决冲突的方式上没有重大分歧，那么这种稳定性应该会让你们的婚姻不那么容易受到"四骑士"的影响。但是，即使你们的婚姻已经形成了一种稳定的类型，你仍然可能会发现你们的关系中存在一些特定的问题，如果不对这些问题加以控制，它们就会开始破坏你们婚姻的稳定性。

如果你和伴侣在所偏好的婚姻类型上存在很大差异，那么你们更容易成为破坏稳定关系的力量的牺牲品。在许多不稳定的婚姻中，双方从未就婚姻类型达成过一致。例如，一个在多变型婚姻中会感到幸福的人可能无意中嫁给了一个冲突回避者，他们都曾试图迎合对方的喜好，但却徒劳无功。

答案在第二章第 54 页。如果你的回答是你们两个都是冲突回避者，那么你们的婚姻在这方面就没有问题。如果你的回答是你们两个都是冲突参与者，请根据该测试的第二部分继续进行诊断。

你对第二章测试第一部分的回答是否如下？

1. 你：冲突回避者；伴侣：冲突参与者。如果你最喜欢避免冲突，但你的伴侣是冲突参与者，你可能会因伴侣的好斗而感到不知所措，并觉得你的伴侣总是要求你做一些你无法做到的事情。

2. 你：冲突参与者；伴侣：冲突回避者。如果你觉得最喜欢冲突参与者的风格，但你的伴侣是冲突回避者，你的伴侣可能觉得你总是制造冲突，觉得问题出在你身上，而且认为你过于情绪化，要求过高。让你感到沮丧的是，你无法向伴侣真正地倾诉你的感受。你似乎觉得夫妻关系疏远而缺乏感情，对这个问题你感到很沮丧，看不到解决的方法。

现在让我们看看你对第二章测试第二部分的回答。如果你的回答是你们都是多变型的，或者你的回答是你们都是确认者，那么你们在婚姻的这个方面就没有问题。但是你的回答是否如下？

1. 你：确认者；伴侣：多变者。你可能会发现你的伴侣热衷争论和挑衅，有时甚至很好斗。你感觉在你能表达自己的感受之前，你的伴侣就试图说服你，这让你觉得你的感受是错误的。你觉得伴侣不能很好地听你说话。你也可能会觉得你的伴侣的控制欲很强，性格霸道。有时你不喜欢伴侣对独立和自主的强烈需求，而是希望你们两个能更顺畅地作为一个整体、作为"我们"来运作。

2. 你：多变者；你的伴侣：确认者。你对伴侣的情感上的疏离和表面上的冷漠感到恼火。你会不惜一切代价来获得伴侣的回应。你觉得自己对独立和自主的需求得不到理解。有时你感到窒息，需要心理空间。你希望你的伴侣将你视为一个独立的个体，而不是婚姻中的一部分。你希望你的伴侣更加感性，有时也希望他（她）可以更喜欢辩论或者争论。你觉得你们的讨论过于平淡了。

补救措施：即使夫妻已经就他们想要的婚姻类型达成一致，也可以寻求一些帮助，确保"四骑士"远离他们的家门。请记住，即使是最幸福的夫妻，也需要付出一些努力，才能避免从婚姻的急流中滑落。关键在于能否妥善处理分歧。第261页至第263页有给确认型夫妻的建议，第263页至第267页有给多变型夫妻的建议，第267页至第273页有给回避型夫妻的建议。

如果夫妻婚姻类型不匹配，"四骑士"和其他可能破坏婚姻稳定的反应模式会乘虚而入。如果你和你的伴侣所偏好的婚姻类型不匹配，那么可以关注那些预示着你的婚姻正面临不稳定风险的特殊症状，这将使你受益匪浅。解决测试中诊断出的每个具体问题，并努力掌握针对这些问题的治疗方法和"解毒方剂"——在后续章节中将会有详细介绍。此外，还可以阅读针对各种婚姻类型特定分歧的建议（第273页至第284页），并讨论哪些建议最适合你们，以确定你们能否就处理抱怨和不满的方式达成共识,将会对你和伴侣有所裨益。

"末日四骑士"

你或你的伴侣存在"四骑士"中的某个问题吗?

批评(测试见第 86 页)

如果你或你的伴侣在批评方面得分较高,那么你们就存在一个共同的问题。如果你的伴侣在批评方面得分较高,但你的得分较低,那么你可能会经常感觉受到了不公平的攻击。如果你得分较高,但你伴侣的得分较低,那么你可能会觉得你需要批评他(她),因为要改变你的伴侣实在太难了。你对问题一直没有得到解决感到沮丧,可能会觉得自己变成了一个喜欢唠叨的人,对此你心怀怨恨。如果你们两个都在批评方面得分较高,那么你们已经陷入了一种最终会破坏你们婚姻的模式。当你被批评时,你很容易感到自己有问题,并可能感到受伤和不被重视。你很难对批评做出积极的回应,因为你的个性遭到了攻击:如果你接受,你就加入了攻击自我的行列;如果你不接受,你就会显得很有防御性。因此,对批评做出建设性的回应非常难。

补救措施: 如果你存在爱批评人的问题,那么你需要学会以适当的方式表达自己的不满和抱怨,同时避免让你的伴侣将其视为人身攻击。你需要学会使批评更具体，并将其表述为抱怨。更多信息参见第 238 页。

蔑视（测试见第 92 页）

蔑视会直接腐蚀婚姻中的爱情。如果你和你的伴侣都觉得受到了尊重并且很少互相蔑视，那就再好不过了。但如果情况并非如此，你该如何应对？如果你的伴侣蔑视你，你会感到愤怒或者觉得自己一无是处。与侮辱你的人生活在一起是非常困难的，蔑视是一种心理虐待。

补救措施： 无论哪一方容易轻蔑地说话，都需要用真诚的认可和带着钦佩的表达来取代这种习惯（见第 248 页）。而且，除此之外，你需要通过有意识地增加积极互动的比重来滋养你的婚姻。

防御（测试见第 103 页）

如果你说你没有防御性，而你的伴侣有，那么你可能没有对自己完全诚实，因为防御性几乎总是双向的。也许你的情况不寻常，有一个防御性非常强的伴侣，他（她）只要稍有不慎就会"防御值拉满"。但无论处于哪种情况，认真审视你表达抱怨和愤怒的方式都会有所帮助。可能问题是当你对关系表达负面情绪时，你的伴侣会因此经历情绪淹没。或者，你的伴侣在过去生活中遇到的某个人喜欢进行言语攻击，而他（她）在回应你的时候把你想象成了那个人。对防御性的一种最常见的诠释是：它是一种对感知到的（无论是真实的还是想象的）攻击的恐惧或其他反应。

补救措施：首要任务是冷静下来。如果你处于防御状态，那么你可能受到伴侣表达的消极情绪的影响，开始（或接近）被情绪淹没。在这种情况下，你需要能够安抚自己；请参考第222页的冷静方法。你还必须认真审视你所持有的任何维持痛苦的想法；请参考第226页至第229页，了解改变这些心理习惯的策略。此外，你可以通过掌握非防御性的倾听和说话方式直接解决问题（详见第229页至第247页）。

设阻（测试见第110页）

当有人对你设阻时，你可能会感觉受到评判，或者你的伴侣不赞成你、疏远你，他（她）冷漠、自以为是或高高在上。你会觉得你的伴侣不回应你，不关心你的感受。这就好像你的伴侣离开了你，抛弃了你，即使他（她）还在你身边。

另一方面，设阻者通常认为自己是"中立"的，而不是消极的。设阻者想要脱离、冷静下来，甚至可能想要逃跑。设阻者被这些负面情绪压垮，不希望让事情变得更糟，因此想要后退。他们可能会试着冷静下来，甚至可能对伴侣产生积极的想法，比如"虽然我现在很难过，但我爱她，我不应该把这一切看得太重，冷静下来吧"。或者设阻者觉得受到了伤害，想要暂时离开或报复。

如果一段婚姻中有两个"设阻者"，会是什么样子呢？这样的夫妻正在走向敌对疏离型婚姻，这也是有可能导致夫妻关系破裂的两种婚姻类型之一。

补救措施：就像防御性强的人一样，你需要掌握冷静下来的方法（请参考第 222 页至第 229 页），以非防御性的方式倾听和说话（第 229 页至第 247 页），并将你的痛苦维持型想法转变为更有益的思维方式（第 226 页至第 229 页）。

其他问题

消极的循环（没有测试，但在第 113 页至第 114 页有描述）

你是否可以使用正常的修复机制？积极与消极的比例是否至少为五比一？麻烦即将出现的迹象是消极回应形成了一个很长的循环，其中一个消极回应会引发另一个消极反应。似乎没有办法摆脱这个陷阱，所有的互动都出现了问题。

补救措施：对抗这种循环的方法是使用修复机制（详见第 219 页至第 255 页）。这些修复机制通常在大多数良好的关系中发挥作用，即使它们可能带有一些负面情绪。例如，当说出"别打断我"时，人们通常会带有一些恼怒的语气。然而，在美满的婚姻中，这些修复机制是有效的。

你还需要调整积极与消极情绪的比例，以使积极因素占据主导地位。这意味着你需要有意识地安排更多的积极事件和时刻。

痛苦维持型想法（测试见第 127 页）

当你对伴侣和这段关系的痛苦想法变得根深蒂固时，它可能会对你的婚姻造成极大的破坏。你的思维模式是无辜受害者类型还是义愤填膺者类型？如果是其中一种，那么你正在给自己设置枷锁，让自己开启情绪淹没模式。而你的想法，即使只有你自己知道，也会对你如何对待伴侣产生很大影响。

补救措施：首先，你需要意识到这些思维模式，在它们占据你的思想时掌控它们。其次，你需要意识到你不必相信这些想法，而是可以改变它们（参见第 226 页）。

疏远和孤立的连锁反应（测试见第 144 页）

如果你感到情绪上的压力（测试见第 135 页），那么你可能会开始避开你的伴侣，也许你都没有意识到自己在这样做。如果你认为你的婚姻问题很严重，那么你可能已经开始失去希望。如果你认为与伴侣不值得谈论问题，那么你就会对解决婚姻中的冲突感到绝望——这是你们离婚的迹象。你们已经把自己的生活安排得像两条平行线了吗？通常，形成平行生活的过程是不易察觉的，但它是关系破裂前的阶段之一。你在婚姻中感到孤独吗？当你感到孤独时，与他人一起减轻痛苦的可能性会增加；婚外情的发生有各种各样的原因，但孤独是常见的原因之一。

补救措施：这种导致疏远和孤立连锁反应的关键压力源于情绪淹没的感觉。如果你可以学会平复这种被伴侣情绪压垮的感觉，就能为修复婚姻的其他方法开辟道路。为了缓解情绪淹没的感觉，你需要冷静下来（第 222 页至第 226 页）；改变维持痛苦的想法（第 226 页至第 229 页）；以非防御性的方式倾听和说话（第 229 页至第

239页）。

戴着有色眼镜看婚恋史（第160页的测试）

你和你的伴侣是如何看待你们过去在一起的时光的？如果你们中的任何一方感到失望，难以表达深情或钦佩之情，不能回忆起最初的心动，找不到共同点，并且难以重视你们所经历的挣扎，那么这是一个出现麻烦的征兆。如果你或你的伴侣是这样的情况，那么你们中的一方或双方有可能已经朝着结束婚姻迈出了最后一步。这种状况并非无药可救，但绝对是病入膏肓，甚至令人绝望。

补救措施： 克服对婚姻持负面态度的方法是改变维持痛苦的思维方式（详见第226页至第229页），并学习如何平静下来更好地处理被情绪淹没的感觉（参考第222页至第229页）。

他和她的误解

男性和女性在婚姻中有各自独特的倾向，这可能会加剧沟通难度。相较妻子，男性更容易因受到批评的影响而感到被情绪淹没，而女性通常不会有这种情况，除非受到蔑视。一旦感到被情绪淹没，男性通常比妻子更难在生理上平静下来，并且保持生理兴奋的时间更长。被情绪淹没意味着他们无法很好地处理信息，无法很好地倾听，并会采取逃避或攻击的方式。

对男性来说，这种方式表现为丈夫在被妻子的批评所困扰时，会避免谈论分歧或采取设阻的措施。如果这是你采取的方式，你可能会试图过快地否认或处理妻子的负面情绪，也许是因为你认为它们很危险或影响了自己的判断。或者你会通过专注于工作或爱好来避免产生这些感受,或者在理解这些感受之前急于解决问题。

对女性来说,这种性别差异会导致妻子过于强烈地表达抱怨,或者因为丈夫的无动于衷而感到沮丧。一般来说,如果期望能够理解自己与亲近的人之间存在分歧的感受,并得到支持,然后在理解感受的基础上解决问题,那么可能会出现这种情况。你可能没有意识到你的丈夫在处理强烈的负面情绪方面经验较少,因此你可能会错误地将他的后退和回避理解为他本人对你的拒绝。

补救措施:如果妻子选择批评而不是抱怨,可能会引发丈夫的情绪淹没感,进而导致他筑起心理防御墙。如果你在婚姻中遇到这种情况,可以通过学习无批评、无蔑视的抱怨技巧来应对(详见第238页至第247页)。当丈夫因妻子抱怨而感到不知所措时,他可以学习非防御性倾听(参考第234页至第238页)、确认妻子的感受(参考第247页至第252页)以及掌握平静下来的方法,这些是应对情绪淹没的有效方式(参考第229页至第247页),会让他受益良多。

如何处理你们婚姻的诊断结果

如果你们存在以下方面的问题	试试做这些补救措施
婚姻类型不同	双方一起选择一种类型,见第259页至第261页。
批评	学会提出更具体的意见,见第242页至第247页;确认伴侣的想法,见第247页至第252页。
蔑视	增强"五比一"。 表达真诚的肯定和欣赏,见第248页。

续表

如果你们存在以下方面的问题	试试做这些补救措施
防御或设阻	●冷静下来,见第 222 页至第 229 页。 ●非防御性倾听和发言,见第 234 页至第 239 页。 ●处理维持痛苦的想法,见第 226 页至第 229 页。
维持痛苦的想法	意识到并改变这些想法,见第 226 页至第 229 页。
情绪淹没	●冷静下来,见第 222 页至第 229 页。 ●处理维持痛苦的想法,见第 226 页至第 229 页。 ●非防御性倾听和发言,见第 234 页至第 239 页。
疏远和孤立的连锁反应	情绪淹没是加速发生这种连锁反应的关键点。补救措施见上文。
你们的婚恋史	为了避免以负面形式重写你们的婚恋史,你们需要更好地处理情绪淹没感和维持痛苦的想法(参见第 226 页至第 229 页)。尝试以积极的方式讲述你们的故事(第 288 页至第 289 页)。
他的和她的	●对男性:非防御性倾听(第 234 页至第 238 页)。确认你妻子的想法(第 247 页至第 252 页)并冷静下来。 ●对女性:在抱怨时避免批评或蔑视(第 238 页至第 247 页)。

第七章

改善婚姻的四大关键点

在上一章中，我列出了夫妻间最常出现问题的几个方面，并请你们总结了自己在这些方面的状况；在本章中，我将告诉你们如何解决这些常见问题。当然，这些问题是相互关联的，有些问题互为因果。尽管有些问题有特定的解决方法，但很多问题都可以采用相同的补救措施。

你可以做的四件简单的事情

到现在为止，你可能已经清楚地意识到我相信一些冲突和分歧对婚姻的长期发展至关重要。如果你感到你们的关系中充满了消极情绪，那么"冲突是健康的"的观点可能听起来像是一个残酷的玩笑。但从某种意义上说，一段婚姻的"生死"取决于所谓的"争论"，取决于分歧和不满情绪是否可以得到充分的表达。关键在于你们如何争吵,你们的争吵方式是会加剧紧张气氛还是会让你们觉得找到了解决方案。

你可能会认为学习健康地表达分歧是一项复杂的、几乎不可能完成的任务,但事实并非如此。虽然许多婚姻手册都提供了一长串你可以遵循的沟通技巧,但我认为大多数夫妻(即使是那些婚姻生活最悲惨的夫妻)其实并不需要一个复杂的、循序渐进的程序。毕竟,那些在家里无法沟通的夫妻可以轻松地与邻居或同事交流。有时,一场毫无进展的婚姻讨论会被一通电话打断,你会惊奇地发现同一个人在与别人沟通时是多么娴于辞令。通话结束后,他(她)又陷入了同样令人沮丧的讨论,回到了在婚姻中行不通的老一套反应中。

显然,问题并不在于缺乏技巧,而是他们与所爱之人沟通的能力受到了婚姻中的消极情绪的阻碍。简单的意见分歧很容易演变成激烈的、旷日持久的争吵,让你们中的一方或双方怀疑这段婚姻是否还有挽回的余地。真正的问题在于缺乏策略,换句话说,就是不知道该在什么时候运用你们已有的技巧。

事实上,我认为只需要运用四种关键的策略就可以突破大部分的消极情绪。如果你能运用它们,你的婚姻状况可能会得到显著改善——你所有天生的沟通和解决冲突的能力都会发挥出来。当然,把这些策略付诸实践并非易事。当你感到受伤、愤怒时,使用这些策略需要勇气、力量和信任。关键是不仅要在思想上理解这些策略,还需要经常使用它们,让它们成为你的第二天性。这样即使在你感到非常沮丧的时候(你最需要它们的时刻),它们也可以为你所用。我把这称为"精益求精":你需要采用这个原则让我的计划发挥作用。

掌握了这些基础知识，我想你在婚姻幸福最大化这条路上已经走过了至少四分之三的路程。然后，如果你已经准备好听取更详细的沟通建议，请继续阅读下一章，其中我提供了一系列你可以尝试的技巧。你不要认为你和你的伴侣需要系统地使用每一种技巧，只选择适合你和你的伴侣需求的几个即可。

本章中的大部分建议都关乎在讨论分歧或问题时如何与你的伴侣相处。我避免使用"吵架"这个词，因为这个词可能并不能准确地描述你们的互动。有些夫妻——尤其是回避者，会避免争执，但仍会有低调的分歧。同样的建议也适用于他们。

我认为你不应过于担忧如何解决你们婚姻中出现的问题，而应该关注如何处理这些问题所引发的情绪，这个观点可能会让你感到惊讶。事实上，即便是稳定婚姻也有不同类型，不同类型的夫妻所定义的"解决问题"是完全不同的。

如果我提出这些建议的主要目标不是解决问题，那么什么才是解决问题呢？主要目标是打破消极循环，让你已有的自然修复机制有机会发挥作用。为了实现这个目标，可以采用四种关键策略，使婚姻关系保持长久的健康。

在以下几页中，我将说明如何将这四种策略应用在你自己的婚姻中，以达到主要目标——打破消极循环。你将学到：（1）如何让自己平静下来，以避免情绪淹没阻碍你们的交流；（2）如何以非防御性的方式倾听和说话，使你们的讨论更有成效；（3）即使（或特别是）在遇到困难时，如何确认对方的观点以及你们之间的关系；

（4）如何精益求精，以使这些新技能几乎成为你的天生技能。

当你继续阅读时，你可能会觉得有些策略对你来说有点不自然或陌生，不必担心一下子掌握不了所有策略。学习有效争论和做其他任何新尝试一样，需要不断练习。我已经给你提供了很多机会来实践你的新技能。请相信——你会成功的。

首先，与你的伴侣达成协议，将讨论分歧的时间限制在十五分钟之内。设置一个厨房计时器。如果你决定在十五分钟后继续讨论，只需要再增加一次十五分钟的计时。

策略一：冷静下来

第一步是学会冷静下来。这一步的具体方法可以解决好几种问题，其中多数问题与被情绪淹没相关。这个方法可以减轻进行防御和设阻的需要，减少维持痛苦想法所引发的生理反应，是情绪淹没的解药。由于情绪淹没会引发疏远和孤立的连锁反应，因此冷静下来是一项预防措施。

因为情绪淹没对亲密关系极具破坏性，你需要学习的第一个策略是在感到不知所措时能够意识到，然后努力使自己冷静下来。

从我们实验室收集的数据中，我们看到，一旦夫妻中的一方的心率开始飙升，讨论就会迅速停止。因为身体反应可以准确地反映你在特定时刻的沟通能力，所以在激烈的对话中跟踪你的生理唤醒程度有助于使讨论运行在正确的轨道上。学会冷静下来可以避免无益的争吵或从需要进行的讨论中"逃跑"的行为。我在夫妻冲突解决方面有深入的观察，监测你自己的生理反应让自己冷静下来的理念就是将这些观察中的发现直接应用、实践。

冷静与情绪淹没的生理反应正好相反。当被情绪淹没时，你会极度不安，生理上也会十分亢奋。冷静下来，你就直接朝着扭转这种痛苦的方向迈出了一步。对男性来说，冷静下来尤其重要，因为我们知道在激烈的婚姻交流中，男性会比女性更快地在生理上感到不堪重负。而且，不是那么强烈的消极情绪都会让男性感到生理上的压力。此外，一旦他们感到情绪被过度抑制，他们更有可能在脑海中"实践"具有破坏性的无辜受害者想法或报复的念头。但无论你是什么性别，当你血脉偾张、心脏急速跳动时，你几乎不可能进行正常的思考。因此，一旦你被情绪淹没，你很可能会退回到自动化、过度习得的行为模式中。所以生理被过度唤醒时你会说出很快就会后悔的话，所以你可能想逃避，会设阻，可能会失控。因此，最好的做法是进行深呼吸，并简单地安抚自己。

根据上述原因，在与伴侣进行艰难的讨论时，你应该每隔五分钟左右测量一次脉率，以此来监测自己的生理反应，特别是心率。你可能会认为测量脉率很愚蠢，也没有必要，但实际上大多数人对自己心脏情况的判断力都很差。快速检查脉率可以确保你了解自己的真实兴奋程度。测量脉率非常简单，你可能已经学会了在做有氧运动时测量脉率，或者监测心脏状况。

轻轻地用右手食指和中指按压右侧颈动脉——在耳垂以下两到

三英寸[1]、下颌骨下方的位置——你应该能感觉到你的脉搏。要计算每分钟的脉搏，可以数一下你在十五秒内感觉到的脉搏跳动次数，然后乘以四。要确定你的脉搏基准速率，就在舒适地坐着时连续三次测量你的脉搏。尽管个体的脉率变化很大，但大多数女性的脉率是每分钟八十二次到八十六次，而大多数男性的脉率是每分钟七十二次到七十六次。

一旦知道了自己的基准心率，在讨论过程中检查唤醒水平就很简单了。如果你的心率比静息心率高出百分之十（大约每分钟增加八次到十次），你就知道自己的生理已经被过度唤醒了，需要休息一下。

下列公式可以帮助你预估自己的心率。

基准心率：＿＿＿＿＿＿

基准心率的百分之十：＿＿＿＿＿＿

上述两者之和（在讨论期间你的心率不应该超过这个值。）：＿＿

例如，如果你的基准心率是每分钟八十次，那么你最好在心率达到每分钟八十八次时休息一下。如果你的心率每分钟超过一百次，休息一下绝对是至关重要的。当你的心脏跳动得那么快时，你的身体会释放出多于平时的肾上腺素，从而引发恐慌性的"战斗或逃跑"应激反应，这会让你几乎无法听进去伴侣所说的话。

起初，当你的伴侣指责你洗澡敷衍了事时，如果你要求中场休

---

[1] 英美制长度单位。1英尺合0.3048米，1英寸等于1英尺的1/12。

息，可能会给人一种勉强和做作的感觉。然而，如果你能解释为什么选择这样做，并且双方都同意采用这种策略，随着时间的推移，你们将会逐渐适应。和伴侣解释一下，你并不是想回避讨论；相反，现在休息一下可以让你冷静下来，这样你就能更好地听取和理解他（她）的观点。

用你觉得最舒服的方法叫停：举起双手，或者干脆向你的同伴宣布，是时候休息一下了。这与拳击比赛中让两名拳击手返回各自角落的铃声类似——只不过你们回来后的目标是更好地交流，而不是互相打斗。

你认为自己冷静下来需要多长时间？许多人猜测大约需要五分钟。事实上，大多数人需要将近二十分钟才能将生理反应恢复到基准水平。正如我所提到的，我们中的许多人对自己的心率的判断能力极其糟糕。事实上，当大多数人认为自己已经完全冷静下来时，他们的脉率仍然比正常的静息脉率高出百分之十。所以，当你实际上仍很愤怒的时候，你会很轻易地认为自己已经冷静了下来。所以在返回讨论之前一定要先测一下脉率。

除非你真正冷静下来，否则你不应该回来继续讨论，有一个重要的原因可以说明这一点：这是一种被称为"齐尔曼的兴奋转移理论"的心理现象。研究表明，如果你认为自己已经冷静下来，但当你重新接近你的伴侣时，你的生理上仍然处于兴奋状态，那么你会很容易受到他（她）所表达的任何情绪的影响。换句话说，你会利用剩余的生理兴奋来复制当时主导你的任何情绪。所以，如果你的伴侣在你恢复谈话时仍然生气，你也会跟着生气，这就违背了你暂停讨论的初衷。

在暂停讨论期间你应该做些什么？做任何能够使你冷静下来的事情。对一些人来说，只要离开房间就可以冷静下来。对另外一些人而言，放松地驾驶、洗澡、听音乐、给朋友打电话或工作等会对冷静有帮助。但无论你身在何处，真正冷静下来的关键在于你的心理暗示。

重写你的内心脚本

很多时候，人们会在暂停讨论期间预先思考各种有伤害性或报复性的言辞，计划在对话恢复后发表这些言论。他们往往会回想痛苦的想法——我在第四章中描述的那些义愤填膺者或无辜受害者的内心想法。反映这一点的一些典型想法包括：

> 那真的伤害了我。
> 我无法原谅和忘记他（她）所说的和所做的。
> 我不会放下我的愤怒和伤痛。
> 我要退出这段婚姻。
> 我再也不会忍受了。
> 我会让他（她）看看。
> 我会还击。
> 那让我很生气。
> 他（她）是_____（用侮辱性的词语填空）。
> 我要离开这里。

我不该受这种罪。

我所做的所有事情都从未得到认可或欣赏。

我不会做出反应。我只会面无表情地站在那里。

为了发挥暂停的作用,你需要有意识地努力用平和肯定的想法来代替这些痛苦的想法。尝试以下想法:

冷静下来,深呼吸。

没必要,不要把这件事放在心上。

他(她)现在很沮丧,但这不是对我的人身攻击。

这真的和我没有关系。

这是一个糟糕的时刻,但事情并不总是这样。

我现在很沮丧,但我爱他(她)。

他(她)有很多美好的品质。

他(她)有很多让我钦佩的地方。

现在我很沮丧,但这基本上是一段美好的婚姻。

通常,人们在被情绪淹没时,身体的健康模式会发生变化。他们会屏息,以吞咽式的方法安静地呼吸。我们采访过的一些人发现,在暂停讨论时闭上眼睛均匀地深呼吸,假装自己置身其他地方,对自己是有帮助的——如果这对你来说是一个不错的策略,请尝试以下想法:

我在海滩上，可以听到海浪拍打沙滩的声音。

我在一片郁郁葱葱的森林里，可以听到鸟儿歌唱。

我很久没有吹萨克斯了。也许我应该再去上课。

我们在周年纪念日去一个法国餐厅吃了烤三文鱼，这是我吃过的最好的一顿饭。

放松方法

改变令人痛苦的想法是冷静下来的一种方法，另一种方法就是让自己的身体放松（两种方法的结合可能特别有效）。到底哪种方法会奏效？因人而异。以下是一些你可以尝试的方法。

● 闭上眼睛静静坐着，集中注意力感受自己呼吸时的感觉。呼气时，心里想"呼"；吸气时，心里想"吸"。当你的思绪开始游移时，把它们拉回到呼吸上。有些人发现，每次吸气和呼气时想一个对他们有特殊意义的词语会让他们感到舒畅，例如"和平"。试着练习十分钟左右。

● 尝试深度肌肉放松，系统地收紧然后放松全身的主要肌肉群。躺下，先绷紧面部肌肉，维持紧张状态，然后放松。最后慢慢地从上到下依次在身体的不同部位做这个练习：绷紧并放松颈部和肩部的肌肉、手臂和手部的肌肉、胸部和腹部的肌肉、盆腔的肌肉、腿部和脚部的肌肉。确保在整个过程中每组肌肉都保持放松状态。

● 对某些人来说，有氧运动可以让人平静。如果你有做某个有氧运动的习惯，就做大约十分钟，直到你微微出汗。当然，当你运动的时候，你的脉率会上升，但之后会有一种"反弹"，你的脉率会比开始锻炼之前更低。

一旦你的脉率表明你的身体已经冷静下来,你再跟伴侣约定,做另外一个十五分钟的讨论。

在你面临情绪淹没风险的时候,让自己冷静下来的训练并不能解决你的婚姻问题,但这是重要的第一步,可以让你接受其他能帮助到你的策略。

策略二:以非防御性的方式倾听和说话

不带防御性地倾听或说话有助于对抗一些有破坏性的习惯。非防御性倾听特别有助于缓解防御心理。非防御性倾听会减少消极循环的可能性。非防御性的态度也有助于化解情绪淹没和设阻的需要,这对男性来说尤为重要。防御性是双向的;如果你开始以非防御性的方式说话,你将减少伴侣进行防御的需要。

如果你能学会倾听,学会与伴侣交谈,同时不觉得有必要为自己辩护,也不会引发伴侣的防御性心理,你就会为你的婚姻创造奇迹。防御心理是危险的"四骑士"之一,它可能导致无休止的负面情绪循环。如果你能找到不去防御的勇气,或者至少识别出防御心理并尽可能地减少这种心理,你的婚姻状况肯定会得到改善。

一开始这样做会很难。毕竟,在学校或其他任何地方,我们都没有学习过非防御性的倾听和说话方式。但是,努力在互动中消除防御性的夫妻会发现他们的婚姻满意度得到了显著提高。

赞美与钦佩：击败"四骑士"

想让防御性沟通"短路"，最重要的策略就是选择以积极的心态看待你的伴侣，并在你们的关系中重新引入赞美和钦佩。如果你们的争吵充满防御性，那么你们的婚姻很可能被四个"骑士"一起牵制。

随着你们关系中负面情绪的不断增加，你和伴侣之间积极与消极情感的平衡以及互动的平衡就会被打破。根据你的特定个性和情况，这种负面情绪会让你在多数情况下成为批评家、虐待者或是设阻者。但无论如何，对伴侣持有和表达积极的态度是最强有力的解药。

乍一看，这可能有些盲目乐观。如果只是对你的丈夫或妻子感觉良好这么简单，那么你一开始就不需要阅读这一章了！我并不是说这很简单，但我想说的是，如果你充分理解赞美和钦佩的重要性，并制订一些蓝图，将它们重新引入你的婚姻，那么这种方法肯定是可行的。

在适当的时候，即使是进行一点点非防御性的倾听和确认也会产生惊人的效果。赫伯喜欢饮酒和交际，他的妻子简抱怨他常常在社交俱乐部喝酒，让她感到孤零零的。赫伯听到这里变得非常有防御性，说他值得享有和朋友在一起的时间，而且他的俱乐部为他提供了有价值的商业联系。随着对话的进行，简变得越来越不高兴，也越来越疏远他，突然，赫伯说道："所以你想要的是我到俱乐部后给你打电话，问你是否愿意过来？"气氛立刻就变了，她说："是的，就是这样。"他说："嗯，我想我能做到。不是每次，但肯定大多数时候都能做到。"过了不一会儿,两人的感情就升温了。简说:"现在我知道为什么要嫁给你了。"

即使在牢固的亲密关系中,人们也常常会关注消极因素,为的是消除其影响,努力让关系变得更好。但是,如果总是沉溺于婚姻中的问题,很容易忽视正确的方面。这是钦佩通常会首先消失的一个主要原因。一旦你意识到伴侣的负面品质,你可能会忘记他(她)曾经令你钦佩和珍惜的所有特点。

为了改善或挽救你的婚姻,你必须提醒自己,伴侣的负面品质并不能抵消使你们相爱的所有积极因素,坏时光也不能抹去所有的美好时光。如果你们的婚姻正在经历困境,很重要的一点是唤起你对伴侣的具体美好回忆——你甚至可以强迫自己坐下来专门想一想。可以翻阅以前度假的相册,或重读一些过去的情书。

最重要的是,你需要成为自己思想的"设计师"。你可以决定你的内心脚本的内容。你可以习惯性地审视你们关系中的不足,想想让你失望的事情,让内心充满恼怒、伤害和蔑视;你也可以做出相反的选择。例如,早上走进厨房,你可以因为你的伴侣没有好好清理台面、把碗留在水池里而生气;你也可以关注积极的一面——大部分盘子都洗了,你知道他(她)昨晚很累。"我们最近压力很大,"你可能会想,"但他(她)竟然完成了这么多事情。"

这实际上是把杯子看作半满还是半空的问题——乐观主义者和悲观主义者的经典选择。如果你能学会以同理心而不是消极心理去思考对方的经历,并保持对他(她)优秀品质的钦佩之情,你就不会被维持痛苦的想法所困扰,也就不会触发防御性心理并伤害你们的婚姻。

如果你不擅长看到光明的一面，就从小事做起。列出你伴侣的优秀品质——他(她)为你们的共同生活做出的贡献。记住这个列表，并想想如果没有这些优秀品质，生活会变得多么艰难。当你发现自己对伴侣有批评性的想法时，请使用清单中的内容来打断你的思考。把这个过程习惯化会带来惊人的改变。你可能想和你的伴侣一起重构你们的习惯性思维。如果你们能一起完成这个过程，那么你们的婚姻可以加倍受益。

当然，对伴侣的贡献感到满意必须有一个真实的基础。在许多婚姻中，这个基础确实存在——然而，让我感到惊讶的是，伴侣们极其容易忽视它。你很容易陷入批评的沟壑，对婚姻不满，觉得伴侣做得不对。

一旦你开始"重新思考"你的婚姻，就不要把积极的想法藏在心里。只要你定期真诚地表扬、表达感谢，或是由衷表达简单的赞美，每个人——包括你的伴侣，都会做出回应。一开始，你可能需要提醒自己说出你的积极想法，每天试着把这个当成礼物馈赠给你的伴侣，尤其是如果你们最近经常吵架的话。我不建议你在表达对伴侣的感情时撒谎，你必须做到由心而发。正如我所说的，如果你客观地看待伴侣的行为，你很可能会发现对方一些值得称赞的地方。以下是一些简单而有益的赞美：

> 我真的很感谢你今晚做的晚餐。
> 对那个承包商，你处理得真好。

谢谢你给保险公司打电话。

　　我就是喜欢看你和杰森一起玩。

　　今晚你是个非常体贴的父亲。

　　我知道你最近压力很大，我很认可你应对这一切的方式。

　　你让我很喜欢的一点就是你的勇气。当他贬低你时，你能够勇敢面对。我很钦佩你这一点。

　　你今晚真的很有趣。我就是喜欢你的幽默感。

　　如果你的伴侣在听到你最初的几次赞美后表现出质疑，请不要惊讶。他（她）可能已经习惯了从你那里得到负面反馈。但是如果你坚持下去，你的伴侣最终会相信你的态度已经改变，并会在回应你的时候卸下防备。迟早你也可能会听到来自他（她）的赞美。

　　治疗师们都知道，除非处于被接纳的氛围中，否则人们很难发生改变。治疗中一个最大的悖论就是：除非人们觉得自己被接纳，否则他们不会改变。人们的赞美和钦佩告诉我们——他们渴望成为什么样的人，他们珍视什么，尊重什么。说出你对伴侣的钦佩会让他（她）感到被接受。蔑视可能是几大"骑士"中最具破坏性的，而钦佩则处于蔑视的对立面。但是钦佩只有在真诚的情况下才有效。钦佩必须由心而发，你不能只是说空话来达到效果。用真诚的赞美和钦佩来调节你们的互动，这将显著减少伴侣的防御性。但是第三个"骑士"——防御性——仍然有可能在争论激烈的时候出现。幸运的是，在这种关键时刻，无论你的伴侣在说什么，还是你在说什么，你都有办法把这个"骑士"赶走。

当你是倾听者时

成为一个好的倾听者是使伴侣放下防御性的关键。当你的伴侣发表意见时,你真正需要做的是理解对方言语背后的情感,并与之共情。这可能非常困难,特别是在你的伴侣批评你或与你大声争吵时更是如此。想要好好倾听,诀窍是不把伴侣的话当作对你的攻击,不去辩护或反击,即使你听到了很多的轻蔑之辞。反之,要把伴侣强烈的负面情绪看作其强调自己情感并以此唤起你重视的方式。

最近,一名素未谋面的陌生男性给我打电话,向我寻求婚姻建议。他告诉我,他的妻子说他们应该考虑离婚,并思考安置和抚养孩子的问题。他询问我,他是否应该把他妻子的话当真。我告诉他,虽然我不了解他的妻子,但我肯定会把这些话当真。我的建议把他惊到了,就像他的问题把我惊到了一样。他之前很可能已经多次忽略了来自妻子的信号,尽管那些信号可能并不那么强烈。最终,她的信号升级,非常明确地强调了自己的情绪,此时他才留意到妻子的感受。

如果一个问题在长时间的争吵中没有得到解决,人的负面情绪会逐渐增加。这一点再怎么强调都不为过。如果负面情绪愈演愈烈,双方都会感到沮丧和绝望。其实,伴侣表达消极情绪是强调他们对问题强烈感受的一种方式。因此,即使你对伴侣的消极言辞持反对态度,也要将其视为伴侣表达感受的方式:他们想通过这种方式引起你的关注。

非防御性倾听并不意味着你需要认可你的伴侣。你的使命是尝试理解他（她）的情感；即使你不能感同身受，也要认为这些情感合情合理。你可以传达出这样的信息：嗯，我不这么看，但我能理解为什么你会这样想。从你的角度来看，这么想是有道理的。如果你可以这么做，那么你就已经在很大程度上修复了先前消极情绪带来的伤害。非防御性倾听的最高境界是对伴侣的情绪和观点共情。这意味着你要站在他（她）的立场上，发自内心地理解其感受。

非防御性倾听存在一种从微弱到强大的层次结构。然而，即使是最轻微的形式也非常有效。你只需要说"嗯，继续说，我在听"，或者"我能理解你为什么会有那种感受"，或者"你有那种感受是有道理的"。即使你并不一定持有相同的观点，偶尔说"是的"都可以传达你在努力理解对方的信号。承认也许存在两种观点且两种观点都有一定的合理性，就是一种强大的接受方式。

面对伴侣的感受时，真真切切地感同身受，并与之共情进行回应，这是非防御性倾听最强大的形式。再次强调，想要达到效果，你的共情必须发自肺腑，不能假装。发自肺腑和假装这两个层级之间还有很多表现形式，但它们都是有效的。

以下策略可以帮助你提高非防御性倾听的能力。

接纳愤怒。通常，人们之所以用激烈的方式表达自我，是因为他们认为这是让你倾听的唯一方式。记住，愤怒或侮辱只是为了强调，只是为了让你注意到他们言语的一记"重击"。如果你采取防御或回避的方式来保护自己免受强烈情绪的伤害，你的伴侣很可能会反而加大嗓门表达情绪。防御和回避将摧毁你真正理解伴侣所要传达的信息的机会。

使用反馈渠道。特别是面对回避者。如果你总是回避，你可能在努力保护自己免受伴侣言辞的攻击。但是，显然你的回避和与之相伴的思绪使你无法认真倾听。许多回避者在面对伴侣时面无表情，这传达出他们没有在倾听的信号，于是他们的伴侣会更加沮丧。如果你的伴侣经常抱怨和你说话就像对着墙壁说话一样，你需要做出改变。试着不去回避，并发送一些你在聆听的小信号。心理学家称这些信号为反馈渠道：它们包括偶尔点头示意以及发出简短的声音示意，比如说"嗯嗯，继续说""是的""噢，我明白了"。使用反馈渠道让你的伴侣知道你没有对他（她）的话置之不理。

观察面部表情。你倾听时，要眼睛、耳朵并用。如果多多留意伴侣的面部表情，你会发现数量惊人的关于他（她）感受的线索。

在进行激烈的讨论时，你要确保真正地端详过伴侣平静时的面部表情，因为这样你才能准确地读懂他（她）的情绪。否则，你可能会把自然的面部特征误认为是情绪的迹象。例如，有些人嘴角自然下垂，而这并不是负面情绪的表现，除非这种特征加深或有其他变化。

要观察伴侣的面部表情，你不必紧盯着他（她）的眼睛。实际上，嘴巴通常承载着最丰富的情感信息。在真实的微笑中，嘴唇两侧上翘，眼睛会变弯，脸颊也会向上提。但是在可以掩盖敌意的假笑中，只有嘴巴有变化，眼睛则没有变化。如果一个人很生气，那么他（她）会紧闭嘴巴，这样就很难看到其双唇或上唇。

在轻蔑的表情中，嘴唇紧闭，嘴角向一侧拉动，形成一个酒窝；在厌恶的表情中，要么嘴巴几乎不动，要么上嘴唇或对称或偏向一侧地抬起，而鼻根则在眉毛处皱起。

眉毛和额头也是富有表现力的面部部位，可以传达出你的伴侣的痛苦。一个人因担忧而皱眉时，眉毛会向鼻子方向拉动，额头上会出现竖着的皱纹。如果一个人很伤心，他（她）的眉毛会在中间处抬起，像倒立的"V"字。如果一个人感到悲痛，他（她）的眉毛与伤心时的眉毛相似，但是眉头会聚拢到一起。

注意自己的身体语言。你在倾听时，虽然不必同意伴侣的观点，但也不应该流露出不赞成的迹象。切勿露出表达嘲笑或蔑视的面部表情。不要翻白眼、噘嘴或扭曲双唇露出嘲讽的微笑。

还有两种面部表情可以传达出你完全没有同理心的信号。第一种是霸道式倾听者的表情。这种表情暗示：如果伴侣表达任何你不同意的观点，你会随时准备压制他（她）。此时，你的头向下倾斜，皱眉，眼睛直视着伴侣，好像你正在试图控制他（她）的想法。

第二种是挑衅式的面部表情。这种表情同样会宣告倾听无效，因为你在尝试挑衅伴侣。在做这种表情时，你把头歪向一侧，下巴扬起，脸则向远离伴侣的方向仰去。这暗示着你只想打一架。你的手臂可能交叉在胸前，进一步表明你正在屏蔽伴侣所传达的任何信息。

显而易见，这些表情很可能会激怒或恐吓到你的伴侣。无论是哪一种结果，它都会阻碍沟通。要成为一个好的倾听者，请管理好你的面部表情和身体语言，确保它们传递出接受伴侣言语的信号，这将让他（她）知道你真的在倾听并在努力理解。例如，如果你的妻子告诉你，在过去四个月里，她忘记还款了，银行职员打电话威胁，要取消抵押贷款，你会怎么反应呢？不要勃然大怒、想要挑起争吵或变得盛气凌人。你要倾听并换位思考。想一想，如果你处在她的境地，不得不说出这个坏消息，你该感到多么糟糕。把你的理解"写"在你的脸上吧！通过面部表情来展示你对伴侣感受的理解，比如当他（她）感到悲伤时，你也表现出悲伤。你运用面部表情的能力越强，你的伴侣就越相信你真正在倾听。

当你是发言者时

在任何关系中，人都有不喜欢伴侣刚刚说的话的时刻。如果你的婚姻变得充满消极情绪，你的下意识反应可能是通过批评或表达对你的伴侣的蔑视来传达你的不满。不幸的是，这可能会让你的伴侣产生防御心理，从而加剧冲突。你的目的应该是只向你的伴侣抱怨几句，而不是进行人身攻击。如果你在批评或蔑视测试中得分很高，尤其要关注这一点。

在你开口之前，请记住你有选择的余地。将你的下一句话视为在争论的道路上的一个岔路口，你可以决定进行具体的抱怨来保持谈话的合理性，或者选择通过批评或口头蔑视走向坎坷之路（即使你的意图是好的，你也可能会走错方向，踏上坎坷之路，但你随时可以停下来，重新开始）。

让我再次阐明抱怨、批评和蔑视之间的区别。

● 抱怨是具体的，仅针对一种情况。它表达了你的感受。例如："我很生气，因为你今晚没有倒垃圾。"

● 批评往往是全局性的，包括指责你的伴侣。你经常会在批评中发现"总是"或"从不"的字眼。例如："你从不倒垃圾，现在垃圾溢出来了,这都是你的错,我永远都不能指望你。"

●蔑视在批评的基础上加入了侮辱。它是一种口头上的人格攻击,比如你指责伴侣愚蠢、无能等。例如:"你这个白痴,为什么总是不记得倒垃圾?"

抱怨、批评还是蔑视?

为了回顾抱怨、批评和蔑视之间的重要区别,请做完这个快速测试。想想以下各项是抱怨、批评还是蔑视,然后圈出答案。

1. 你没有付煤气费,我很不高兴。

抱怨　　批评　　蔑视

2. 我怎么能相信你呢?

抱怨　　批评　　蔑视

3. 你完全不负责任。

抱怨　　批评　　蔑视

4. 你这个蠢蛋!

抱怨　　批评　　蔑视

5. 我早该知道你会做出这样的事。

抱怨　　批评　　蔑视

6. 你对孩子们的态度太糟糕了。

抱怨　　批评　　蔑视

7. 当我们不一起出去时,我觉得你把这视为理所当然。

抱怨　　批评　　蔑视

8. 我希望你多跟我有身体接触，更多地表达爱意。

抱怨　　批评　　蔑视

9. 不要打断我！

抱怨　　批评　　蔑视

10. 你从来不关心我的感受。

抱怨　　批评　　蔑视

11. 如果把它交给你，你就会把假期计划搞砸！

抱怨　　批评　　蔑视

12. 那这是谁的错呢？

抱怨　　批评　　蔑视

13. 别告诉我你什么都不知道。

抱怨　　批评　　蔑视

14. 我对你的行为厌倦透了。

抱怨　　批评　　蔑视

15. 你有态度问题吗？

抱怨　　批评　　蔑视

16. 当你不听我说话时，我觉得自己不重要。

抱怨　　批评　　蔑视

17. 你昨晚没有清理碗碟，我很生气。

抱怨　　批评　　蔑视

18. 你就像你妈妈一样！

抱怨　　批评　　蔑视

19. 你怎么可以这样伤害我？

抱怨　　批评　　蔑视

答案：

1. 抱怨　　11. 蔑视
2. 批评　　12. 批评
3. 蔑视　　13. 批评
4. 蔑视　　14. 批评
5. 蔑视　　15. 批评
6. 批评　　16. 抱怨
7. 抱怨　　17. 抱怨
8. 抱怨　　18. 蔑视
9. 抱怨　　19. 批评
10. 批评

每答对一题得一分。如果你的得分低于十六分，你可能需要重读第三章，以便更清楚地了解"三个C"（complaint，criticism，contempt——抱怨、批评、蔑视）之间的区别。

如果你理解了抱怨与批评和蔑视之间的区别，但在争吵中仍然难以控制自己的消极态度，请记住以下基本准则：

●在评论时不要进行指责。

- 说出你的感受。
- 请勿批评你伴侣的性格。
- 请勿侮辱、嘲笑或讽刺伴侣。
- 不要迂回。
- 一次只谈一个问题。
- 不要试图分析伴侣的性格。
- 不要猜测对方的想法。

最重要的是,在抱怨时要尽量具体。你的抱怨越具体,你的伴侣就越能理解你为什么不高兴。把你的抱怨看作一组指引。我们都知道遵循清晰明确的指示是多么容易。如果有人说:"走两英里[1],在加油站处右转——加油站顶上有一只大塑料恐龙。"你就知道该往哪里走了。但是,如果这个人只是简单地向右挥挥手,向左看,然后缓缓地说:"就在前面,你不会错过的。"你会十分茫然。同理,具体的抱怨让你的伴侣准确地知道你的想法是什么,而含糊不清的抱怨可能会被误解,让你偏离正轨。

让抱怨具体化的一个好方法是用我称为"X,Y,Z"的陈述式表达公式:把这种方法想象成一种游戏,在游戏中,你可以根据自己的具体不满进行填空:"当你在 Y 情况下做了(或没做)X,我感到 Z。"

示例:"当你没有打电话告诉我你不能按时(X)赴晚餐约会(Y)

---

[1] 英美制长度单位,1 英里合 1.6093 公里。

时，我感到很沮丧（Z）。"使用这个"X，Y，Z"公式可以帮助你避免侮辱和人格攻击。它可以让你简单地说出伴侣的行为如何影响你的感受，进而影响你的反应。

假设你对家庭财务情况感到不满。可以说"当你退了几张支票（X），银行打来电话（Y）时，我感到尴尬和愤怒（Z）"，而不是说"你退回支票真是太不负责任了。我经常要收拾你的烂摊子，修复你搞砸的一切"。

这里是另一个具体抱怨的例子："你在你姐姐家待了一整晚，我感到自己被冷落了。"（你可以改变X、Y和Z的顺序以适应你自然说话的方式。）对你的伴侣来说，这比说"你晚上从不回家，我甚至感觉不到和你结婚了"更有帮助。尽管你首先想到的可能是后者，但这很可能会引起你伴侣的防御性反应。这种练习实际上只是一种言语上的迷雾。

在讨论性爱问题时，使用模棱两可的话语很常见。这种讨论本质上是微妙和敏感的，因此容易引起防御性反应："我只是对性生活不太满意"或"你可以成为一个更好的情人"是相当具有破坏性的信息，也很令人困惑，因为它让你的伴侣不知从何回应或如何回应——除了受伤害的感情。

与之相比，"当我们还没拥抱一会儿你就抚摸我这里时，我很难放松"或"我下班回家后你就想要性行为，让我感到被剥夺了人性"的说法更好。（顺便提一下，如果你强调自己喜欢什么而不是不喜欢什么，性爱方面的谈话会更有效果——"我真的很喜欢你抚摸我""我们抽时间一起洗个澡真的很有趣"，等等。）

243

咄咄逼人和"霸道总裁"的说话方式也会引起伴侣的防御反应。专横的言语让你的伴侣知道你希望他（她）只按照你认为合适的方式做出反应。（"我想听你的意见时，我会让你知道。"）无论你的语气是威胁还是颐指气使，你所传达的信息都是一样的：你掌握着话语权，你不会放弃，你肯定不会把话语权交给你的伴侣。你可能仅仅为了维护自己作为说话者的权利而重复自己的话语。说专横的话语可能语调缓慢、深思熟虑，表明你坚持自己的观点并且没有什么可以改变它。或者，你的语气可能居高临下，表明你的伴侣是一个需要被指出正确方向的单纯的孩子。

好战的谈话会让伴侣知道你真的准备好战斗了。至少，你想激怒他（她）。"你是态度有问题还是怎么了？""又怎么了？""你只是想惹恼我吗？""你有什么话要说？""你有什么不满？说出来！"说这样的话就是做出欺凌行为的迹象。

如果你在上述咄咄逼人或霸道言辞的描述中看到自己的影子（或者你的伴侣能看到你的影子），你必须特别努力避免在争吵中这样说话。无论你认为自己有什么样的理由，现实情况是：如果你让你的伴侣遭受公然或隐蔽的威胁，你们将永远无法进行有效沟通。

训练自己以一种不会引发负面反应的方式与伴侣交谈，会大大缓解伴侣的防御心理，从而改善你们之间的沟通。但这还不够。毕竟，有时你会听到伴侣极具破坏性、消极负面的言论或看到这种眼神。这时你会怎么做呢？大多数人会条件反射地进行防御，试图抵御攻击。但我相信你现在已经知道了，这样的方式通常会产生相反的效果，让你们俩进一步陷入指责和伤害感情的泥潭。

对伴侣的不尽如人意的评论做出回应时，你要做的就是让你们双方从一场令人不悦、适得其反的对抗中解脱出来。要做到这一点，你需要避免我们在第三章中探讨过的防御性反应。

- 否认责任。
- 找借口。
- 消极诠释。
- 互相抱怨。
- "橡皮男""橡皮女"。
- "是的——但是"。
- 自我重复。
- 发牢骚。
- 肢体语言。

相反，即使你不同意他（她）的观点，也要尽量以一种让伴侣知道你正在考虑他（她）的观点的方式来回应。

下面是一些防御性很强的对话，我在括号里提供了更有成效的替代性陈述。我希望这能让你知道如何重述自己的话。你可能想与你的伴侣一起查看这些例子。

示例1

妻子：你从来没有跟我说过你爸爸这个周末要来看我们。

丈夫：我说过了！（另一种说法："我以为我跟你说了，但也许我忘了,对不起。")

妻子:你没有!(或者:"好吧,也许你说了,但我没有记住。")

丈夫:我跟你说了!(另一种说法:"这太荒谬了。我会承担没有告诉你的责任。我最近压力很大,所以可能是我忘记了。")

示例2

妻子:你再也不带我出去了。

丈夫:胡扯。我经常带你出去。(另一种说法:"好吧,如果你是这样想的,那太糟糕了。我们来解决一下这个问题吧。这个周六晚上出去吃个饭看个电影怎么样?")

示例3

妻子:你再也不带我出去了。

丈夫:嗯,也许你是对的,但你不是说你得先找到一个人来看孩子吗?(这种"是的——但是"类型的回答就像在说"是的,你是对的,但你也是错的"。另一种说法:"嗯,那我们这周六请你姐姐过来帮忙看孩子,我们一起吃个晚饭然后看个电影怎么样?")

示例4

妻子:你必须认识到你有迟到的倾向。既然我们现在只有一辆车,又要一起上班,你就得早点起床。我讨厌迟到,让简失望。

丈夫：你必须认识到我睡得比较晚。（另一种说法："是的，我知道你对迟到的感受，我也知道你对上周让简失望很不安。这不是你的错。但对我来说早上六点起床很困难，因为我是个夜猫子。"）

策略三：确认

让你的伴侣通过许多小细节感觉到你理解他（她），是关系修复中强大的工具之一。这一剂解药可以对抗好几个"骑士"——批评、蔑视和防御性。不要攻击或忽视伴侣的观点，而是尝试从伴侣的角度看问题，并表明你认为那个观点可能有一定的道理。

有些男人会以过度的理性来回应妻子。他们做的不是认可妻子话语中的情感内容，而是试图为所描述的问题提供一个实际的解决方案。对这类男人来说，确认尤其重要。他们意图良好，但是往往不能切中要害。如果你的妻子非常情绪化，她可能并不想听到建议，她更需要知道你理解她的感受。

确认就是把自己放在伴侣的立场上，设身处地体会他（她）的情绪状态。通过这种方式，你可以轻松地向你的伴侣表达，即使你没有同样的感受，你也理解和认可他们的情绪状态。确认是一种出奇制胜的有效技术，就像打开大门欢迎你的伴侣一样。当你的伴侣感到被确认时，他（她）会更愿意向你倾诉，并且更愿意听取你的观点。

确认是一门真正的艺术，有很多不同的层次，最顶层的是真正的共鸣和理解。这意味着能够真正感受到伴侣正在经历的一些情感，并能够从他（她）的视角看世界。表达这种深切的共鸣将表明你不仅理解伴侣的世界观，还理解他（她）的自我意识。确认可以极大地让一个人感觉到爱，感受到珍视。你可以通过一些具体的方式在交谈中进行高水平的确认。

承担责任。如果你的丈夫说，当你没有打电话告诉他你因为加班要晚点回家时，他会不开心，你试着回答："哎呀，我真的让你不开心了，是吧？"你承认可能是你的行为引发了你伴侣的反应。

道歉。同样，直接道歉是一种非常强有力的确认形式，因为它让你的伴侣知道，你认为他（她）的抱怨是合理的，值得尊重。道歉时你不必总是说："我很抱歉。"你可以说："我明白你的意思，我错了。"每个人都会时不时地犯错，但是在争论中承认错误可能会产生非常强大的效果。

赞美。真诚地赞扬你的伴侣处理某种情况的能力会产生很大影响。特别是当你们之间关系紧张时，提醒你的伴侣（包括你自己！）你对他（她）的钦佩可能会对接下来的交流产生积极而强大的影响。

做微小的事。起初，你可能无法做到这些高级别的确认。幸运的是，即使只是相对较微小的确认形式也能产生奇妙的效果。例如，即使你和伴侣观点不同，仅仅聆听并承认他（她）的观点也能发挥很大作用。这种类型的确认可以是很直接的，比如当你的丈夫说他担心孩子的成绩时，你可以简单地说："是的，我知道那让你不安。"

但是要注意，不要在结束语中喋喋不休地说你不同意他的观点，因为这会抵消确认的效果。现在，你要做的不是为自己的观点辩护，而是让你的伴侣知道你理解他（她）的观点。

哪怕只是一点点的确认，都会带来巨大差异。可以看看下文中沃德和布里奇特的讨论。沃德结束一天的辛苦工作回到家后，两人都对他们之间的关系感到不满。

让布里奇特抱怨的是，沃德唯一的兴趣就是吃晚饭。她整天照顾孩子、操心琐事等，已经筋疲力尽了。她希望他回家后可以关爱她，而不是增加她的负担。比如，他可以和她进行成年人之间的对话，也许偶尔给她送束花——或者至少对她的想法表示有兴趣，或者让她知道他觉得她很有魅力。

在沃德看来，结束一天的工作后，他已经感到疲惫不堪，渴望能够好好地放松一下。他希望能够享受晚餐的美食，感受宁静，并且期待着妻子能表达她对他回到家的高兴之情。妻子准备晚餐，让他感受到被关心。对他而言，这是布里奇特对他的爱的象征，也代表她见到他回家感到高兴。吃晚餐是整个家庭聚在一起的唯一机会。经历了漫长而辛苦的一天后，他对这个时刻充满期待。

如果布里奇特和沃德在不进行任何确认的情况下讨论这场冲突，他们的谈话听起来会是这样的。

布里奇特：你一回到家就想要吃饭。

沃德：一天结束后，我很累了，只想放松一下。

布里奇特：我一整天都在家里带孩子，忙于琐事，没有自己的时间。我期待着你回家，这样我就可以得到一点释放了。

沃德：我想一个人待几分钟，我希望一进门就能感受到宁静。

布里奇特：我想要有人照顾我一下，改变一下我的一天。我想和一个成年人聊聊天。

沃德：我想要感受到一点关心或爱意，或者感受到你见到我很高兴。

布里奇特：我希望感受到我的丈夫对我的想法感兴趣，或者觉得我有魅力，或者为我做些特别的事情。

沃德：我在紧绷了一天后回到家就是想放松下。家是一个可以放松的地方。我希望我的妻子对我感兴趣，并询问我这一天过得怎么样。

布里奇特：我想要一点浪漫，比如你给我送花，或者告诉我，我看起来很不错。

沃德：晚餐对我很重要，这让我感到被关爱。晚餐时间也是我们全家在一起的时刻。

在读这些对话的时候，你可能会感到布里奇特和沃德之间的紧张气氛在加剧，因为他们没有认可对方的感受或观点。现在，让我们来看看同样的对话，这次双方都加入了一些最基本的确认元素。

布里奇特：你一回到家就想要吃饭。

沃德：我理解，这可能像是在你花了一整天做完一系列事后，我给你提出另一个要求。一天结束后，我很累了，只想放松一下。

布里奇特：我知道你工作紧张，这一天并不好过。我一整天都在家里带孩子，忙于琐事，没有自己的时间。我期待着你回家，这样我就可以得到一点释放了。

沃德：我也一直盼着见到你。但说实话，我想一个人待几分钟，我希望一进门就能感受到宁静。

布里奇特：当你刚回到家，需要一个小小的"呼吸屋"来放松时，我想要有人照顾我一下，改变一下我的一天。我想和一个成年人聊聊天。也许你在有了"呼吸屋"后可以自己待一会儿，去放松放松。

沃德：是的，那就太好了。我明白为什么你希望有人在一天结束时照顾你。孩子们可能很难带，我们需要互相安慰下。我可以在我放松几分钟后做到这一点。我也想要感受到一点关心或爱意，或者感受到你见到我很高兴。

布里奇特：我见到你很高兴，但是实话告诉你，如果你对我的想法感兴趣，或者觉得我有魅力，或者为我做些特别的事情，我会特别高兴。

沃德：是的，我明白。我可以给你送花。我也曾想过给你带花，真的，然后一忙起来我就忘了。我在紧绷了一天后回到家就是想放松下。家是一个可以放松的地方。我希望我的妻子对我感兴趣，并询问我这一天过得怎么样。

> 布里奇特：我们在一天结束时都需要一些关心和关注。
>
> 沃德：是的，你知道，晚餐对我很重要，这让我感到被关爱。晚餐时间也是我们全家在一起的时刻。对我来说，回到家后看到准备好的晚餐很重要。

这两次对话给布里奇特和沃德带来的感受截然不同。然而，这两次对话之间唯一的区别是后者加入了少量的确认元素。

如果你们的关系处于高度消极的状态，那么能够承认伴侣的感受可能超出了你现在的能力范围。在这种情况下，你可能会发现，即使勉强接受伴侣的观点也能带来好处，这会让你感到欣慰。因此，即使你不能用十分热情的语气，确认你伴侣的感受也是值得做的尝试。

如果无论你如何努力都无法理解对方的观点，也要让他（她）知道你在努力。你可以简单地说："现在，我在听你说的话，并试图理解你的感受。"这至少表明你正在尽力而为。但请记住，你不能假装确认，必须是真诚的确认才能产生效果。

如果你在困难时期需要额外的动力与伴侣产生共鸣，请记住，对这些心理和情感的觉察都有益于你的身体健康。研究清楚地表明，对伴侣进行确认有助于降低血压并防止心率飙升。我在一项针对新婚夫妻的研究中发现，如果一对夫妻互相确认并以积极的方式对待对方，那么在他们的谈话过程中肾上腺素的分泌就会减少。但是，随着谈话的进行，不互相确认的夫妻往往会分泌越来越多的肾上腺素，他们关系的紧张程度也会增加。

策略四：精益求精——尝试再尝试

当你可以使用这些技术成功地"吵架"时，你可能会认为你已经掌握了这些策略，但恐怕此时仍是任重而道远。事实上，你能做得最糟糕的事情就是读完这一章后就再也不看了。仅仅在头脑层面理解"聪明地吵架"是不够的，你必须经常践行所学，直到你内化掌握了这些道理。

在学习任何新技能时都是如此。你第一次学开车时，所犯的错可不只是驶出车道；你第一次打网球时，球不会整齐地越过球网；当然，你做的第一块巧克力舒芙蕾也不会均匀地蓬起。

我的一个同事曾为一对夫妻做过一段时间的心理治疗，然后给我讲了他们的故事。这对夫妻的婚姻一直很不顺利，但是我同事决定只教这对夫妻一件事：妻子苏要更清楚地意识到，当她使用强烈的否定性陈述时，她的丈夫卢克就想逃离；卢克要能够控制住自己不要逃离，而且留下来不带防御地聆听。治疗结束几个月后，她来到这对夫妻的家里进行随访，了解他们的情况。就在她来之前，他们刚刚吵了一架。卢克说他们是在往洗碗机里放餐具时吵起来的。他说这种情况下他的通常做法是一时冲动下冲出厨房，但是这次他必须努力控制自己。起初他想：我们刚刚吃过一顿丰盛的晚餐，为什么苏非要在这个时候破坏氛围，提出各种不满？都是些该死又愚蠢的事项。但是他让自己冷静了下来，告诉自己："卢克，你这个老家伙，你要坚持住，她并没有那么生气。"于是他留了下来，不带防御性地听着。苏还说，她必须努力了解他的模式，并稍微缓和她的愤怒。这样每吵一次，局面就轻松一点。他们最终说，他们在一起的幸福感有了很大的提升。

每次你排练卸下防御或进行确认，都是新的、不同的时刻。重要的是要保持尝试，即使你感到疲倦，不想这么做，也要坚持下去。最终，你会自动地应用这些策略。内化本章中所概述原则的最佳方法是进行训练。从小处做起。例如，试着在讨论一些无关紧要的事情（比如讨论晚餐、洗车或租哪个影碟）时使用一些非防御性的语言。

即使你不一定喜欢，你和你的伴侣也必须练习这些技巧。这意味着在疲惫、饥饿、注意力不集中、快乐、悲伤、开车、看电视、一起洗澡等各种情况和条件下练习，直到你们在互动中可以自然而然、毫不费力地使用这些技巧。你们必须让这些技巧变成自己的，为其注入你们自己的幽默感、风格和个性。然后，不断重复。坚持计算你练习的时间。

如果你本着精益求精的态度对待一种沟通技巧，学而时习之，它就能在你最需要的时候为你所用——比如在进行争论时，或者在一次激烈争执中你被生理唤醒时。那时你的精益求精会为你带来回报。

如果你不断练习这些技巧，你将在改善婚姻方面取得很大进步。根据我的经验，这四个原则——冷静下来、非防御性沟通、确认和精益求精——足够让大多数婚姻重新回到正轨。我相信对几乎完全被消极情绪笼罩的婚姻来说也是如此。我并不是说你会立即看到变化，或者转变你的婚姻会很容易。但是，如果你动力十足、努力精进，不轻易因为挫折而气馁，那么假以时日，你会发现你的婚姻可以给你带来更大的快乐。

第八章

强化基础

持久的婚姻建立在两大基石之上：双方就可以接受的处理分歧的方式达成一致，为婚姻生活注入大量的积极性。针对这两大基石的最终建议，你可以在本章中找到。

协商你们的婚姻类型

前文提到，有三种稳定的婚姻类型。许多婚姻陷入困境的夫妻从一开始就无法通过协商进入其中的某一种类型。如果你们在婚姻生活中遇到这种情况，也就是如果你和伴侣从未能在婚姻类型上达成一致，那么你们每次争论后都会有一股涌动的暗流。这股暗流将涉及如何争论、如何表达和处理你们之间的情感、如何感受爱和表达爱——简而言之，这股暗流事关全情投入的真正含义。伴随着这股暗流，受伤的感觉、怨恨、被拒绝的感觉和痛苦会不断积聚。

你们中的一方可能感到被情绪淹没,另一方感到孤独;一方感到受到攻击,另一方则感到没有被倾听。

第二章的测试可以帮助你更清楚地了解你更喜欢哪种婚姻类型,并了解你的伴侣最适合哪种类型。如果你们之间存在很大的差异——你们还没有就哪种类型或混合式类型达成一致意见——那么,要是你们开诚布公地进行讨论,你们的婚姻将会受益匪浅。下文我们将会进行前文回顾,并列出一些指导原则,这些可以帮助你们共同决定哪种处理分歧的婚姻类型最适合你们。

●**共同还是单独**。如果相比于你的独立性和个性,你更看重"我们",那么你可能更适合确认型婚姻。而如果你觉得自己的自主性和独立性更重要,你可能更喜欢多变型或回避型婚姻——这样的夫妻更有可能在家中拥有属于自己的独立空间,并且有独立的朋友圈等。

●**浪漫还是陪伴**。如果你高度重视保持关系的活力和浪漫,那么多变型婚姻可能会适合你。确认型夫妻最关心的是成为彼此最好的伴侣和朋友。

●**诚实**。直言不讳是多变型夫妻的特点,他们通常重视彼此之间的完全坦诚,不会隐藏负面情绪,如对问题的不满。他们认为诚实是信任的基础。确认型和回避型夫妻则不同,他们是否会完全对彼此坦诚是根据时机和问题而定的,并且他们通常会淡化所表达的负面情绪。

●**说服**。多变型夫妻认为,如果没有真正的你一言我一语,没有对分歧的积极讨论,他们的伴侣就没有真正与他们交心。确认型和回避型夫妻对这种讨论的重视程度要低得多。

●**表达情感**。如果你非常善于表达情感,并喜欢在讨论婚姻矛盾时表达情感,那么你适合多变型婚姻;如果你偏向适度地表达情感,那确认型婚姻更可能是你的首选。如果你不太习惯表达强烈的负面情绪,那么你可能更喜欢回避型婚姻。

●**传统角色**。在分担家务和照顾孩子方面,确认型和回避型夫妻往往更倾向于传统的性别角色分工。

●**哲学和信仰**。与其他两种婚姻类型相比,回避型夫妻更可能看重是否有一套共同的宗教或哲学信仰来指导他们的共同生活。

下文的大部分建议适用于所有夫妻,但选择某些婚姻类型的夫妻在某些方面需要付出更多的努力。这是因为稳定婚姻的不同类型面临着不同的风险。考虑到这一点,我为每种稳定的婚姻类型都制订了一套单独的策略。不过,要意识到,当你经历生活的变化时,你也可以时不时采纳针对其他两种类型婚姻的建议。(如果你的婚姻类型是混合型的,你将不可避免地想要这样做。)例如,一对多变型夫妻中的一方生病了,在与疾病做斗争的过程中,他们可能会发现,至少在一段时间内,表现得像一对回避型夫妻是有所帮助的。然而,一旦危机结束,他们很可能更愿意回到对他们来说很自然的多变型婚姻模式。

给确认型夫妻的建议

这种类型的伴侣关系有很多优势——特别是你们的协商和妥协

技巧，你们应该进一步发扬这些优点。尽管你和伴侣可能会偶尔生气，但你们不会让负面情绪主导这段关系。你经常将你的伴侣描述为你"最好的朋友"，并强调婚姻中的温暖和分享。因此，你应该采用一种能够尊重和保护你们友谊的争吵方式。以下是一些提示：

谨慎选择你们的战场。 不要为小事过度烦恼，但也不要逃避那些一旦解决可能会让关系更加稳固的问题。例如，你可以选择消除与伴侣在看电视时偶尔产生的分歧。但如果你觉得你一直在与电视抢夺伴侣的注意力，那么也许是时候正视这个问题了。

在表达自己的观点之前，先承认伴侣的观点。 这一点对建立一个有成效的讨论阶段特别重要。你可以通过转述伴侣刚刚说过的话，或者通过说简单、鼓励性的语言，做手势和面部表情来做到这一点。

调节你的情绪。 尽量保持平和的情绪，尤其是在你们争执的互相说服阶段。过多的愤怒或悲伤可能会威胁到你们友谊的基础。

信任你的伴侣。 由于你们在情感上对彼此非常了解，所以你通常可以接受你伴侣的"读心术"陈述，将其视为对你正在经历的事情的有效且有益的见解。同时，你也需要认可伴侣保持沟通的努力。当需要找到解决方案时，要保持开放的心态。继续将对方视为你的盟友，一个把你的最大利益放在心上的灵魂伴侣。

增加浪漫氛围。 浪漫氛围减少是我们需要警惕的一种风险，它可能会削弱很多传统婚姻的活力。在追求幸福的过程中做出的妥协可能会削弱婚姻的激情，使你们感觉对方更像朋友而不是爱人。这种情况在夫妻经历重大生活转折——比如成为父母时，尤为明显。解决方法是投入足够的时间滋养你们的婚姻。同时，寻求共同的体验，点燃你们对彼此的激情。(我们将在本章后面探讨如何实现这一点)。

给多变型夫妻的建议

你们的婚姻不存在缺乏激情的问题。如果你处于一段多变型的关系中，你会对伴侣产生强烈的浪漫依恋，而且你能够巧妙地处理像嫉妒和愤怒这样强烈的情绪。这样的关系会让你拥有巨大回报，体验浓浓的爱情和亲情，生活中不乏欢声笑语。但是，无节制的激情也会让你们有面临蔑视甚至暴力的风险，从而毁掉你的婚姻。这就是为什么多变型夫妻应该学会偶尔"编辑"他们的想法、言语和行为。这不是指要他们从一场良好、健康的"战斗"中退出，而是指以一种尊重对手的方式处理冲突，否则你们关系中积极互动的比重可能会下降。为此，请考虑以下七个"礼貌编辑提示"。

不要告诉你的伴侣你不能或不愿做什么。相反，要强调你能做和想做的事情。例如，如果你的伴侣要求你和他(她)一起去给家庭采购物品，你的第一个想法可能是：今天我有一百万件事要做，我不可能在这个琐事上花费两个多小时。在你说出这句话之前，花一秒钟"编辑"一下你的陈述，突出积极的部分。"我今天有两个小时可以用于购物，从下午三点到五点，我们去吧。"两种表述的结果本质上是一样的，但这种"编辑"后的沟通方式要友好得多。

真诚而积极地表达赞赏。通过一点点努力和共鸣，你就可以用周到的言辞取代轻率的抱怨和批评。如果你的伴侣在做早饭时把你的蛋卷煎过头了,你可以评论一下鲜榨橙汁,而不是皱巴巴的鸡蛋。想想你的伴侣在这种情况下最想听到什么、应该听到什么,你就知道你可以表示感谢而不是给出批评。如果你在特定情况下想不出什么赞美的话,试着问问他(她)最想听到什么。同样,你也可以透露自己的需求,让你的伴侣来取悦你。

我并不是建议多变型夫妻避免讨论重大冲突,但是如果这些讨论在赞赏和尊重的氛围中进行,可能会更有成效。

尽管对多变型夫妻来说,分歧很重要,但多变型夫妻并非总是恶言相向——请记住,这些夫妻通常也是最深情、最浪漫的。相比那些婚姻不那么幸福的夫妻,婚姻幸福的多变型夫妻的特点是更加亲昵、真诚地表达感谢和赞赏。

> 我很感谢你提出这个问题。
> 我尊重你的诚实。
> 谢谢你带杰森去买新被子。
> 我喜欢豪尔斯一家。
> 你今晚给伊芙讲晚安故事,我很感谢你。
> 今晚能去上那堂课让我很开心。谢谢你。

表达对伴侣的兴趣。在婚姻中,你的另一半往往很容易专注于自己的想法和兴趣。你可以通过询问对方的工作、爱好、朋友等问题来建立融洽的关系并表达对伴侣的尊重。专注于你得到的回答,好好倾听对方的想法,不要在不必要的时候打断他(她)。

不管伴侣的行为如何,你都要做到有礼貌。多变型夫妻尤其容易陷入负面互动的陷阱——他们会以牙还牙,用批评来回击批评,用侮辱来对抗侮辱。但是,如果有一方做到以体贴的方式回应另一方,那么不论另一方如何反应,都可以避免负面连锁反应对婚姻稳定造成的威胁。由于结婚后很快就做不到相敬如宾了——即使是幸福的新婚夫妻也是如此,有意识地像对待陌生人一样礼貌地对待伴侣是真正能改善关系的一个选择。

直接和诚实。因为在多变型婚姻中,真实是非常重要的,所以你们都可以自由地发泄自己的情绪,这一点很重要。这种类型的婚姻可以在冲突中蓬勃发展,所以你在试图说服你的伴侣时不要有所保留。你可以以牙还牙,赢得尊重。同时,你必须防止"四骑士"带你迅速走向离婚。你可以当面与伴侣对质,但如果你觉得自己的攻击会让他(她)太痛苦或太有羞辱性,就准备好后退。

戏弄和直接对抗在多变型婚姻中有积极的效果,但也可能过火。下面是一个适时后退的例子。

妻子:他们是我的父母,我希望你尊重他们。

丈夫:但我不尊重他们。

妻子:所以我们来的时候你就消失了。

丈夫:是的,至少这样我不会失礼。

妻子:是的,你确实不会失礼。

丈夫:只有在吃晚餐时,你那愚蠢的父亲才会变得富有哲理。

妻子：他不愚蠢。他抚养了一群孩子，并且一辈子都很努力。他只是没有受过什么教育。

丈夫：他很蠢，你知道的。

妻子（流泪）：你不尊重任何人！

丈夫：你说得对，我太自以为是了，这一点在我与其他律师辩论时很管用。但他确实值得我尊敬，因为他为我养育了一名出色的妻子。在这个感恩节我会尽量礼貌些。

（他意识到自己太过分了，就退缩了。）

妻子：谢谢。

丈夫：别期望太高。

妻子：我可不会对你有太高期望，但我很欣赏你做出尝试。

亲昵感。又是这个词！不要假定你的伴侣知道你爱他（她）、欣赏他（她），你需要经常表达。亲昵感在多变型婚姻中尤为重要——这是婚姻幸福的关键。下面是一对多变型夫妻之间亲昵的对话。

妻子：我永远不会升到那个职位了。我只是不够有进取心。

丈夫：我认为你就像一条短梭鱼。

妻子：在你面前是。但那个罗杰·普里斯特利会超过我的。

丈夫：你不会得不到这个职位。你那么能干，那么可爱，他们应该把旧金山那份工作给你。罗杰太自负了。

妻子：没关系。除了你和我，没有人注意到他是个混蛋。弗雷德从来没看到过罗杰的那一面。

丈夫：好吧，让我们制订一个摧毁罗杰的计划。我有办法了，你每天一进办公室就巧妙地帮他建立他的自我意识，让他谈论自己，并告诉他弗雷德会觉得他的故事很吸引人。很快他就会把时间都花在跟弗雷德吹牛上了。

妻子：弗雷德讨厌这种行为。这可能会起到作用。你知道吗？前几天他花了二十分钟谈论他自己，却从来没问过我一句关于我的事！真无聊！

丈夫：男人！我讨厌男人！

妻子：除了你。

丈夫（笑）：这就是为什么我是一个自由的男人。因为我爱女人。

妻子（笑）：你就像他们一样，搞性别歧视。

调侃时要小心。虽然调侃你的伴侣可能很好玩，也可能是亲昵的表现形式，但有防御心理的时候，温和的调侃可能会变成令人痛苦的戳刺。当调侃具有敌意和消极性时，它就是有害的。

给回避型夫妻的建议

回避型婚姻的最大优势是能够忍受周期性的动荡，因为你们的关系建立在拥有共同信仰和价值观的坚实基础之上。尽管你们把夫妻和睦视若至宝，但你们可能会压抑过多的负面情绪，以致无法满足你们作为个体的需求。当发生这种情况时，你们可能会相互敌对并彼此疏远。一些心理学家甚至认为，由于生活中存在未解决的问题，回避型夫妻更容易患上身体疾病。如果你将所有负面感受都藏在心里，就会长期承受低强度的压力，这会侵蚀你的健康，并影响婚姻的稳定性。

这是否意味着回避冲突的夫妻应该把他们的婚姻转变为《洛克角》[1]的版本？当然不是。在你培养出管理冲突的技能之前，把动荡引入婚姻甚至可能等同于引狼入室。但是，你可以采取一些措施来提高自己处理负面情绪的能力，这些负面情绪在任何伴侣关系中都不可避免地会出现。通过这种做法，你可以提高保持稳定关系的可能性。

与你的感受建立连接。解决亲密关系中的问题通常需要双方谈论他们自己的负面情绪。但是，如果你们两个都倾向于掩盖或忽略情绪暗示，去谈论负面情绪就很难了。有些人担心释放负面情绪（如愤怒、嫉妒、恐惧或悲伤）会带来灾难性的后果，比如失去伴侣的尊重甚至离婚。但是没有必要总是赢得伴侣的尊重，如果你记住这一点，这可能会有所帮助。有时候——尤其是在危机期间，表达你的感受更为重要。承认自己的情绪不会导致你失去对自己的身份和行为方式的控制。

---

[1]《洛克角》是一部美国单格漫画，由比尔·霍斯特于1968年9月9日开始创作，由金特征公司发行，在23个国家的500家报纸上刊登。漫画描述了已婚夫妇罗伊和洛雷塔·洛克角的滑稽行为。他们经常争吵，幽默讽刺地评论对方作为配偶的缺点，但他们的夫妻感情基础很牢固。——译者

如果你不是那种非常关注自己情感的人，那么你可能需要做一些练习才能轻松识别（更不用说清晰表达）自己的感受。认识通常与特定情绪相关联的身体暗示和思维模式可能会有所帮助。请查看下表，确定你在任何特定时刻的感受。不时地回顾这个表格，观察你的反应是否有所变化。

积极的情绪

我感觉（有一点点，有一部分，非常）：

放松　　　　知足
平静　　　　充满爱
欣喜　　　　兴奋
温暖　　　　平和
性感　　　　自信满满
激动　　　　有兴致
意愿强烈　　感兴趣
安全　　　　雄心勃勃
坚强　　　　富有想象力
快乐　　　　富有创造力
忙碌　　　　亲密

消极的情绪

我感觉（有一点点，有一部分，非常）：

不高兴	害羞
伤心	受伤
焦虑	愧疚
疲倦	沮丧
紧张	抱歉
羞愧	无能
无聊	叛逆
孤独	困惑
尴尬	被掏空
被困住	绝望
失望	不安
愚蠢	饥饿

你做出选择后，请注意伴随该情绪的身体信号。你能感觉到特定肌肉群的紧张吗？例如，脖子、手、下巴、胸口、肚子等部位是否感到紧张？说话是否困难？嘴巴是否干燥？是否出汗？记录下你的身体信号。同时，思考导致这种情绪出现的想法。记录你在经历每种感觉时的想法，时不时地研究你的笔记。最终，你可能会学会更轻松地识别和表达自己的情绪。

重新确认你对伴侣关系的基本信念。在婚姻经历困难的时期，许多回避型夫妻会提醒自己，他们对伴侣关系有着多么类似的看法，以此来找到力量。为了再次感受到你们之间的纽带，你们可以问自己类似以下的问题：我们对婚姻的力量有哪些共同的信念？我们订立了哪些处理冲突的规则？在婚姻关系中进行决策的时候，我们是怎样达成一致的？我们认为丈夫和妻子的角色分别应该是什么？在你们面对暴风雨时，共同回答这些问题可能会为你们带来所需的安全感。例如，卡尔和贝丝都属于一个重视维系婚姻关系的精神社群。最近，他们接受了解决性别差异问题的治疗，治疗中，他们提醒自己，无论如何，他们的婚姻都是得到上帝祝福的；他们的信仰将帮助他们找到解决问题的方法，从而继续婚姻关系。通过这种方式，这对夫妻成功地表达了让他们感到不舒服的悲伤和愤怒情绪。其他人可能会思考将他们吸引和维系在一起的特定信仰或支持系统，以此来获得相关支持。

学会在必要时与伴侣坦诚相对。 如果你在与伴侣相处的大部分时间里都在回避问题而不是面对问题，那么解决敏感问题可能会让你心生恐惧。但是，将注意力重点放在你们夫妻间长期幸福上的话，你可能会找到勇气去解决那些构成较大威胁的问题。通过练习前面描述的非防御性倾听和说话技巧，你可以学会以诚实、充满爱的方式与伴侣坦诚相对。请记住，如果你觉得冲突已经失控，可以随时寻求神职人员或专业婚姻咨询师的帮助。

回避者可以通过重申自己的感受与伴侣坦诚相对。你仍然可以尽量淡化问题的严重性，但是你要持续提及那个话题，并且不要假装那个话题没有带给你负面感受。如果着眼于全局，并采用温和的方式，你可以做到这一点。最终，你将找到解决问题的方法。例如，你可以想想其他遇到这个问题的人，他们做了什么？或者想一想你的伴侣会喜欢的解决问题的方法（也许是基于宗教建议或哲学理念）。

通常，回避者会肩并肩地一起面对问题，找到解决问题的间接方法。以下是一个例子。

丈夫：我们买不起嵌入式灯吗？

妻子：我爸爸不喜欢它们，而他在支付重新改造的费用。

丈夫：我真希望我们可以有什么办法买得起嵌入式灯。

妻子：我也是。但是其余的改造进展顺利，你不觉得吗？

丈夫：噢，当然。你爸爸是一个很棒的人，而且非常慷慨，但是……

妻子：你想要嵌入式……

丈夫：……灯。是的，我想要。

妻子：我们像帕金森一家那样做怎么样？

丈夫：他们做了什么？

妻子：他们申请了小额过桥贷款。

丈夫：你爸爸不会讨厌我们这样做吗？

妻子：我们不要告诉他。

丈夫：我可以跟承包商谈谈。

妻子：我们就这么做吧。

丈夫：这是一次伟大的改造。

妻子：是啊。有些人说重新改造很糟糕。

丈夫：对我们来说可不是这样。

妻子：没错。

对多变型夫妻来说，以上对话是一种非常温和的沟通方式，这对他们来说不会奏效。但在回避型婚姻中，这种方式却非常有效。两人足够坚持自己的立场，且对话中仍然包含了大量的对婚姻的肯定。

创建"建议箱"。 多年来，企业一直使用这个方法来发掘客户和员工面临的敏感问题，这个方法也可以帮助你与伴侣坦诚相待。准备两个箱子——一个给你，一个给你的伴侣——并标上"建议箱"的标签。接着，写下令你烦恼的问题并投入对方的箱子。有两条规则：第一，除非你已经准备好并愿意倾听伴侣的感受，否则不要去查看建议；第二，安排一个时间，让你们两个人可以不设防地进行交谈。在你们写出建议或讨论建议之前，复习一下非防御性沟通指南可能会有所帮助。

向其他人寻求支持。 直系亲属以外的亲戚和朋友可能会帮助你表达和排解对婚姻的负面情绪。找到你信任的人或支持小组，并在出现问题时向他们倾诉。

富有成效的分歧：对所有婚姻都有好处

除了这些分别针对三种稳定婚姻类型的特定分歧处理技巧外，还有一些适用于所有夫妻的一般性要点——特别是那些伴侣会被情绪淹没或采取防御性行为的情况。如果你的婚姻中存在这种情况，你可以有意设置一些结构，采用有助于缓和情绪的方法，这些可以帮助你讨论容易激起情绪的话题。

把讨论列入议程

对已经进入消极循环或"疏远和孤立的连锁反应"的夫妻来说,把讨论列入议程尤为重要。在这个时候,你们可能会感到尚未解决的问题把你们压得喘不过气来,让你们感到绝望。如果知道已经把讨论列入议程,至少可以让你确信双方都承认有必要进行讨论,并已经就讨论时间达成了一致。

除了这些问题之外,你们可能会发现,如果指定具体的时间来讨论棘手的话题,你们的论点会更容易保持建设性。你们知道有一个固定的谈话时间,就可以防止双方为一个问题耿耿于怀或把事情憋在心里直到爆发。通过设置一个特定的时间(二十分钟是一个恰当、通用的时间标准),你们不必担心讨论会无休无止。你们甚至可以提前计划好,等你们谈完后去看场电影或吃顿晚饭。一定要选择一个你们都能得到充分休息和放松的时间,这样可以最大限度地避免干扰。夫妻们告诉我通常周日下午是进行这类谈话的良好时机。

在每周讨论开始时设定议程。仅选择一个问题,这样你们就不会开启"厨房水槽"模式,并且不会偏离主题或感到不知所措。如果你们有多个问题要讨论,请在讨论的后面安排更多的约会时间。

我承认,安排时间和设定议程听起来可能更适合商业关系而不是婚姻关系。我希望我能为你们提供一些没有这种人为性的简明解决方案,但实际上并没有。我能告诉你们的是,这种方法对大多数夫妻来说都很有效。我知道你们一开始可能会感到很尴尬,但这种结构化的安排确实有助于防止争吵内容偏离正轨。

为你和你的伴侣无法按计划进行讨论的情况做好准备。例如，你们计划谈一谈给房子办理抵押贷款，但是在讨论开始前，你们可能会爆发一场争吵。强迫自己在计划时间之前停止讨论，如果事情紧急，确保你们留出足够的时间立即进行讨论。不要试图匆匆忙忙地进行重要的讨论。这可能需要极大的意志力，但是值得的。

随着约会时间临近，你们中的一方或双方可能会觉得越来越不想说话。尤其是男性，当可怕的时间临近时，他们往往会被生理唤醒，这是完全可以理解的。试着记住，你进行这些会面是为了保持你的婚姻健康。这就像去看牙一样，虽然不怎么令人愉悦，但好处应该足以让你去承受那种煎熬。

构想你的争吵

正如我已经提到的，稳定婚姻中的人们在争吵时通常会经历三个阶段。一旦他们专注于讨论的内容，他们就会听取对方的意见，确认伴侣的观点。接下来，每一方都试图说服对方以自己的方式看待问题。最后，他们就如何解决冲突达成一致。我们的研究表明，大多数夫妻在争吵时都会经历这三个阶段，但不同类型的夫妻在每个阶段花费的时间不尽相同。确认型夫妻会在倾听和同情阶段花费大量时间。多变型夫妻往往会很快进入说服阶段，而回避型的夫妻可能会尝试跳过这个阶段，直接寻求解决方案。无论你们的婚姻类型是什么，都可以采用一些技巧，使每个阶段尽可能地富有成效。

第一阶段：制订议程。在这一阶段，任务是先将讨论集中在一个具体问题上，尽管你可能想解决从未付账单到婆婆性格等问题，但如果你只专注于一个主题,效果会更好。像"我受够了这个凌乱的房子、无聊的性生活和你不断地花钱"这样"厨房水槽"式的数落和抱怨并举只会让进程变得混乱不堪或停滞不前。

确保你们都有机会在争论的早期阶段表达自己的观点,这有助于确保之后的讨论保持平衡。制订议程阶段也是夫妻相互确认观点的完美时机。请记住,确认并不一定意味着你同意伴侣所说的话。但它让你有机会表明你尊重伴侣的感受,并理解他(她)为何会持有某种观点。

确认可以很简单,比如你只需要向你的伴侣表达你正在"跟踪",也就是你在倾听并吸收伴侣的观点。但是,当你心烦意乱并且不认同伴侣的观点时,进行这种积极的倾听并非易事。不过,你至少可以尝试做一些简单的练习,例如,在没有评判的情况下转述你认为伴侣在说的话,然后进行确认。这个简单的练习将对开启确认过程大有帮助。

丈夫:我只是厌倦了浪费我们的周末。让我们计划做一些有趣的事情吧。

妻子:你希望我们有周末计划。

丈夫:没错,是令人愉快的计划,而不仅仅是处理琐事。

妻子:你想摆脱琐碎的活,这些让你感到厌倦,你想在周末多找点乐子。

丈夫:完全正确。

确认的最终目标是有真正的同理心。有同理心不仅是倾听伴侣所说的话，而且要理解伴侣言语背后的感受。

第二阶段：说服和争论。一旦你们制订了议程并倾听了彼此的观点，下一阶段通常需要试图说服伴侣，让他（她）相信你的解决办法更好。由于你们在这个阶段可能会情绪激动，所以这是练习修复机制（幽默、关爱、共情等）的最佳时机，你将在本章的后面部分学习到这些技巧。这也是使用我们在第七章中探讨过的非防御性沟通技巧的绝佳机会。只要你们继续密切倾听彼此的观点，这个阶段就不会演变成无益的争吵。相反，它会指引你们进入下一步：寻找折中方案。

第三阶段：提出解决方案。在你们提出了最有说服力的论点后，开始制订和平计划。目标是提出一个让你们双方都满意或至少可以接受的解决方案。

寻找妥协的时机。回顾你们作为一对夫妻所共有的价值观和信念可以真正有所帮助。如果你仔细倾听伴侣的建议，尝试在建议的基础上构想更具体的解决方案，满足双方的需求，妥协也会变得更加容易。例如，戴夫想利用暑期去钓鱼，于是他建议全家去他最喜欢的钓鱼点露营。路易丝觉得离开城市听起来不错，但她更喜欢舒适一些的活动，而不是露营。她提议在河边租一间小木屋。对戴夫来说，这听起来是个合理的折中方案，但他担心租小木屋花费太高。经过一番讨论，他们同意暂时减少其他奢侈品的开支，以便能够租到小木屋。

在寻找解决方案时，强调婚姻的积极方面可能会有所帮助。试想一下在这个情景之下，路易丝说出两种话所带来的不同效果。第一种："当我们去那些我们都可以放松的地方时，我们真的会玩得很开心。"第二种,她采用一种防御性的说法:"你从来都没有想过我想要过什么样的假期。"

一旦你们接近找到折中方案,请确保双方都真正满意。为了结束乏味或令人不舒服的讨论而假装接受往往会适得其反,因为未解决的问题很可能会一次又一次地出现。

非防御性沟通

如果你有防御性的问题,这里可以帮到你。对许多夫妻来说,在试图解决棘手问题时,阅读肢体语言或使用确认和"X、Y、Z"陈述式等广泛的策略足以克服防御心理。但是,许多人卡在了我在第三章中描述的一个或多个特定类型的防御性言辞模式中。如果你或你的伴侣有这种情况,以下针对特定防御手段的建议可以帮助你们摆脱部分困境。

否认责任的解决方案。承认错误并承担责任。试着说"哎呀,我想我错了"或者"我真的不应该那样做"。甚至可以说:"你是对的,说得好。"这些说法中的任何一个都表明你知道自己犯了错误并会尽量不再犯。

互相抱怨的解决方案。请记住,如果你们一次只讨论一个问题,争论会更有建设性。如果你能避免用抱怨来回应伴侣的抱怨,那么你们的分歧将更容易得到解决。暂时不抱怨可能让你感到不公平,但如果你这样对待你的伴侣,他(她)最终会进行回报。这是打破互撑僵局的最好方法。

"橡皮男""橡皮女"的解决方案。如果你本能地回击伴侣对你的指责,那么试着承认自己并不完美,并承认也许你的伴侣说得有道理,或许你会惊讶地发现你们有共同之处。毕竟,如果你们互相指责对方具有同样的缺点,这可能是有原因的。因此,如果你的妻子说你不负责任,试着承认吧。"是的,你说得对。有时我就是不想做个大人。"这样会给她留出承认自己也想逃避成年人责任的空间。"我也是。有时我只想放弃一切。"突然,你们就成了一个团队,共同解决问题,而不是互相为敌、试图把所有责任都推给对方。

自我重复的解决方案。如果你在争论中听起来像一张破旧的唱片,对着看似漫不经心的伴侣一遍又一遍地重复你的观点,请尝试重述伴侣的观点,而不是自己的观点。这是一种可以打破无休止循环的确认方式。类似的方法是总结你们两个人的观点,强调你们的共识。"我想我们都因为房子乱七八糟而生气",或者"我想我们都因为今年无法承担太多的度假费用而烦恼",甚至"我管教完杰森后,他就跑去寻求你的安慰,看起来我们俩都不喜欢这种方式"。

发牢骚的解决方案。不存在明智地发牢骚的方式。解决方案很简单——不要发牢骚。在你说话之前,数到十,甚至数到一百,咬住舌头,或者深呼吸一下。与其发牢骚,不如直截了当地解释为什么你觉得自己受到了挑剔。

这些观点传达出这样的信息:你们将婚姻视为团队合作,并且你们正在以"我们会同舟共济"的精神来解决问题。

安抚你的伴侣:修复机制

也许摆脱攻击和后退、蔑视和设阻等负面循环的最有效的方式是安抚你的伴侣。这些循环会使你们在解决分歧时偏离轨道，因此安抚你的伴侣是打破这种循环的最有效的方式。如果你能够识别出一些迹象，知道伴侣正变得焦躁不安、充满防御性、吹毛求疵或退缩不前，你就能在问题破坏你们的谈话之前将其扼杀在摇篮里。在伴侣将要被情绪淹没时做到这一点尤为重要；它也是打破消极循环的强力解药，因为这样做可以大大降低你或你的伴侣以更多敌意来回应消极情绪的可能性。

以下是一些修复机制，你可能会发现它们在防止负面情绪失控方面非常有效。尽管它们在婚姻的任何时刻都能发挥作用，但在争论变得过于激烈时尤为有益。

停止行动。如果你的伴侣表现出即将被情绪淹没的迹象，一个好的策略就是采取"停止行动"。与我之前讨论的"暂停"不同，"停止行动"并不一定意味着将你们的谈话推迟二十分钟左右，等你们冷静下来。关键是在需要采取更积极的策略之前调用"停止行动"。你可以直接举起手并宣布："停止行动！"这让你的伴侣知道你认为你们中的一方（或两方）正处于被情绪淹没的危险中。你接下来要做什么取决于你自己，你可以决定正式暂停一段时间，或者选择通过快速的背部按摩来缓解压力。在某些情况下，仅仅宣布"停止行动"就足以让你们重整旗鼓，回到正轨。这就好像当你觉得自己迷路时，就到路边看看地图。如果你确实决定暂停，请记住避免在心率降至基准线之前返回讨论。

在谈话升级到一方或双方都被情绪淹没的地步之前，调用"停止行动"可以中断对话。可以建立一个规则，即你们中的任何一方都可以呼叫"时间",然后谈话就停止,稍后再继续。下面是一个例子。

　　苏:我感觉你是在说房子完全是我的责任,如果达不到你的标准,我就应该受到责备。
　　乔:你的东西到处都是。
　　苏:我要去上学并照顾我们的女儿。大多数人都认为我能做这么多事情真是太神奇了。我从你那里听到的只是抱怨。
　　乔:在你做你答应做的事情之前,你只会听到抱怨。
　　苏:我也许应该辍学,只打扫卫生。
　　乔:也许应该这样。
　　苏:我不会让你满意的……我需要来一个"停止行动"。现在我感到非常不安。
　　乔:好吧,我们休息一下吧。
　　苏:我想去散散步。
　　乔:好的。

当苏和乔稍后回到这个问题时,他们都有机会冷静下来,对话开始在更好的基础上展开。

　　乔:亲爱的,我很抱歉我变得那么刻薄。我真的非常支持你上学并完成学业。
　　苏:我知道你支持我。我也很抱歉。
　　乔:我们可以做些什么来解决问题呢?

苏：我们可以找下清洁工。

乔：好主意，要多少钱？

苏：每周一次？可能一个月几百块。

乔：太贵了。

苏：如果我在图书馆做兼职就不会很贵了。

乔：也许这是个好主意。

编辑。当你"编辑"时，你只回应伴侣评论中有建设性的部分，完全忽略对方随之而来的难听的语气、侮辱或批评。这样可以缓解紧张气氛，让你更有可能重新关注问题本身，而不是与之相伴的"包袱"。

例如，你的丈夫说："天哪，你能不能不要打断我？"你的自然倾向可能是进行反击，比如："如果你不说那么多话，我就不用打断你了。"但是当你进行"编辑"时，你就只对他发出的信息中有用的部分做出反应——他希望你允许他说话。一个冷静的回答会极大地缓解紧张气氛，并让你们回到正轨，比如："好吧，继续说完你想说的话吧。"

"编辑"的另一个方面是消除你的回应中的负面因素。例如，你可能想说："是的，我知道苏西迟到让你很不高兴，但如果你不固执地提早安排晚餐，她就会准时到的。"当你"编辑"时，你删除了这个想法的后半部分，你的伴侣听到的只是"是的，我知道苏西迟到让你很不高兴"。

进行把关。在这里，你给伴侣提供指导，使讨论保持在正确方向。这可以是请求你的伴侣继续说下去、详细阐述或听你说话。像"继续说下去""告诉我背后的故事""别打断我"和"我还没说完"

这样的话语就是进行把关的例子。

回归主题。这是让谈话保持在正轨和切入主题的另一种方式。你明确地提醒你的伴侣你感到迷惑,并把他(她)的谈话带回主题。例如,你可以说:"这不是我们讨论的话题。让我们继续讨论预算。"

表达亲昵感。你可能厌倦了听到这些,但理解、共情和确认是人们修复沟通的极其有效的方法。例如:"对这个问题,我想让你知道你并不是一个人在面对。""我喜欢你的想法。""我爱你。""我理解你的感受。"

幽默。没有人能教你如何变得有趣,但如果你放开自己,可能会发现生活中的荒唐事和你自己的荒唐事都会让你感到好笑。幽默始于能够自嘲,它是缓解紧张局势的一种巧妙方式。

回避冲突的技巧。即便回避型的婚姻不适合你,你仍然可以从这种婚姻类型中学到很多安抚的方法。回避冲突者擅长从不同角度看待争吵。他们会关注婚姻中所有美好的事物,这样问题就显得微乎其微了。一种实现方式是诉诸你们共同认可的基本理念。例如:"与我们婚姻中所有美好的东西相比,这个问题对我来说并不重要。""我喜欢我们性生活的很多方面。""我们真的建立了一个强大的家庭。"

探询感受。询问伴侣的感受,然后坐下来,以非防御性的方式倾听一段时间。不要评判伴侣的情绪,也不要说出与他(她)的分歧。

元沟通。这是一个复杂的术语,简单地说就是讨论你们是如何沟通的。如果你们偏离了轨道,那么专注于你们的互动本身,而不是正在争论的具体话题,这样就可以平息双方的情绪。例如:"当你这么说时,你伤害了我的感情。""我们别再谈论房子了,谈谈我们现在的感受吧。"

柔和说服的尝试。如果你感觉你们即将陷入僵局，试着放弃强硬的立场。你可以说："好吧，也许你在这件事上是对的。我们可以找到折中方案吗？"

审视你的婚姻

当然，持久的婚姻不只是关于分歧。为了培养稳定的婚姻关系，夫妻需要不断为他们能够达成一致的看法感到庆幸，并且不让固有的差异拖垮他们。几乎所有婚姻都由两个有着不同需求、品味和兴趣各异的个体组成。有时，你可能希望你的伴侣与众不同——更外向或不那么热衷于社交，更有思想或不那么书生气，更这样或不那样。但是当你们试图重新塑造彼此以符合自己的理想型时，你们就会陷入麻烦。没有人愿意被强迫。没有人想对另一个人的幸福负全部责任。我们的研究表明，最幸福、最稳定的夫妻是那些接受所有婚姻和所有伴侣都有其局限性的人。

回想一下你童年时对婚姻的幻想：也许你梦想着你的婚姻之旅会让你脱胎换骨，一旦结婚，你就会觉得"自己是一个完整的人"，你的伴侣会让你的生活充满无穷的浪漫、快乐的音乐和无尽的欢笑。可悲的是，许多人仍然固守这个幻想。他们期望婚姻能够带来完全的个人满足，当事实并非如此时，他们会感到失望。

如果你的婚姻经历了坎坷，你可能会想：那么，什么才是维持婚姻的充分理由呢？每对夫妻都必须找到自己的答案，我们的研究也找到了一些答案。我们的研究表明，保持婚姻稳定需要足够多的基础。婚姻的稳定性取决于好时光与坏时光能否达到五比一的比例。婚姻幸福、稳固的夫妻用大量的积极时刻滋养他们的婚姻。

学习有效解决冲突对保持这个比例很重要。但是夫妻们也需要在婚姻中拥有适当的乐趣。如果你认为你的婚姻"基本上还可以"，但很乏味，那么为你们的关系注入愉快的共同经历就显得尤为重要。当夫妻们感觉他们正在一起创造某些东西时——不管是供养家庭、建立企业还是拥有共同的爱好，他们就会感到快乐。太多时候，很多家庭过着复杂甚至令人疲惫的生活，夫妻们为了短暂的实际目标而牺牲了快乐的时光。夜幕降临时，夫妻们不再相依在壁炉前，而是坐在电视机前；周日的时候，他们会去办公室而不是去公园。但是，如果你想保持婚姻的活力，就必须重新发现——或者干脆挤出时间，去经历那些让你对伴侣和婚姻感觉良好的事情。

只有你和你的伴侣知道，什么样的特殊感受和经历能让你们的婚姻保持稳固、充满活力。不过，根据我在研究中观察到的关系稳定的夫妻的情况，我可以提供两条建议：第一，对婚姻要有切合实际的期望；第二，用爱和尊重对待你的伴侣。

找到你婚姻故事中的闪光点

稳固的婚姻的一个明显标志是夫妻倾向于"美化"他们一起渡

过的难关。在访谈中，我们发现一对关系稳定的夫妻会把他们的婚姻描述成一段有价值的旅程，一段他们共同面对逆境并因此变得更加亲密的传奇故事。他们会详细讲述某些创伤或使彼此联系在一起的激烈经历。他们说，经历了困难时期之后，他们对亲密关系感到更加坚定，并充满希望。

并不是那些美化他们婚姻的夫妻实际上面临的问题比关系不稳定的夫妻更多，但是他们似乎能从困境中获得更多的意义和启示。

例如，一对夫妻在满怀深情地回顾他们新婚的日子。当时妻子维琪发现自己对结婚的决定产生了严重的怀疑。你可以想象这种态度会如何严重地损害婚姻。但是维琪和她丈夫本坚称这场危机让他们的婚姻更加牢固。渡过这场危机后，他们更加相信他们之间的纽带是真真切切存在的。

维琪：婚礼前我并不紧张。我准备好了。然而，我们结婚后，我想——等一下！我认为他不是我的真命天子，我选错了人，并为此感到很郁闷。我度过了一段非常艰难的时光，他做的任何一件烦人的小事都会让我生气。我一直威胁他要离开他。

本（笑）：它们只是最微不足道的一些傻事。

维琪：但是后来我会哭，真的感到很难过，因为我伤害了他。他过去总是坐在那把破旧的大黑椅子上，然后我会爬到他的腿上，我们会讨论并解决问题。

本：是的，我们总是设法解决问题。

维琪：过了一段时间，我才安定下来，开始发现他真的是我约会时的那个很棒的家伙。很快,我们的关系就变得非常好,因为我们一直都在一起。我已经习惯了有他在身边,这也是我们的关系一直以来最特别的地方。

另一对夫妻——布兰奇和默里则自豪地回忆起早年的贫困岁月。当时他们住在一个单间公寓里,几乎只靠吃豆子汤维持生计。

默里:当我一个人的时候,我只做兼职就能生活得很好。我自己支付学费和一切开销。但是当我们结婚后,我就开始了全职工作,因为布兰奇还在上学。但即便如此,维持生计也很困难。这是一个艰难的调整期。

布兰奇:他对我有一种真正的责任感,不想让我吃了上顿担心下顿。支付账单很困难,但我们总能渡过难关。

更糟糕的是,默里非常不喜欢自己的工作,但又觉得自己不能辞职。然而,与其说他还记得那段时期的痛苦,不如说最令他难忘的是布兰奇对他的支持。

默里:当我找其他工作时,她对我充满耐心。我回家后心情不好,她就想办法让我高兴起来。她会做比煮热狗更美味的饭菜,她还会尝试让气氛活跃一点。

布兰奇:我会给他写小字条。

默里:对,鼓励的小字条。这对我很有帮助。很快我就能改变态度了。我接受了我当时的工作并不是永久的，我最终会找到一份不同的工作。而且，为一些无关紧要的事情苦恼是没有意义的。所以我转变了态度。她帮助我并鼓励我这样做。

布兰奇：我仍在给他写字条！

默里：我们仍然会约会。前几天晚上我们去买了冰激凌。

布兰奇：很有趣。我们做了很多有意思的小事。

关键在于，婚姻稳定的夫妻在讲述故事的过程中甚至可以变得更加强大。关系稳定的夫妻会在讲述故事的过程中增强对彼此和婚姻的信心。

那你的婚姻呢？你和你的伴侣能从你们的关系史中找到什么意义，得到什么启示？

练习：讲述你们的故事

这个练习旨在帮助你和你的伴侣找到婚姻故事中的闪光点。下面的问题是我们根据在研究中使用的口述历史访谈设计的，不过我对一些问题的措辞进行了改动，以便在可能的情况下引出积极的回答。毕竟，这个练习的目的是帮助你们加强对婚姻的积极信念和感受。因此，不要害怕在回答中展现积极的态度，说"还有半杯水"，而不是"只有半杯水了"。（但是，如果你发现这个练习只会引起消极的感受，也不要绝望。你只需要利用这个机会谈论这些感受，并尝试确定为什么你对你们共同的过去没有怀有更好的感觉。是否有可以避免的冲突？是否有你希望可以处理得更好的情节？一旦你确定了你们关系中这些不尽如人意的方面，谈论一下你可能会改变的方面，这样你将来在处理类似问题时会感觉更好。）

花些时间阅读每个问题并记下一些笔记。然后，一次回答一个问题，讨论你们的答案。大多数问题都是开放式的，允许作答者尽可能详细地回答。

1. 你对你的伴侣的第一印象如何？有没有什么使他（她）显得与众不同的地方？

2. 回想一下你约会的时候。有哪些亮点？有哪些让人紧张的地方？是什么使你觉得值得进入这段关系？

3. 你们是如何决定结婚的？是否存在必须克服的明显差异，而你也了解这些差异？你们是如何克服它们的？

4. 你还记得你们结婚后的第一年吗？结婚后你必须做出一些调整吗？你是怎么做到的？

5. 你们成为父母的转变期是怎么样的？你们生活中最困难和最有回报的方面是什么？

6. 回首往事，迄今为止，你们婚姻中真正美好的时刻有哪些？

7. 回首往事，迄今为止，你们婚姻中真正困难的时刻有哪些？你认为你们为什么还会在一起？你们是如何度过这些困难时刻的？

8. 你觉得你现在的婚姻与刚结婚时相比有什么不同？

练习：我们如何比较？

这项练习让你有机会将自己与接触到的其他夫妻进行比较，从而看到自己婚姻的优势。

1. 每个人写下你们共同认识的四对不同夫妻的名字。其中两对代表有"好的"婚姻，另外两对代表有"不好的"婚姻。

2. 现在分享这些名字，并告诉对方你觉得"好的"婚姻成功的原因，以及"不好的"婚姻失败的原因。也许你会称赞一对夫妻抚养孩子的方式，也许你不赞同另一对夫妻在人前互相责备的方式。

3. 以这些"好的"和"不好的"婚姻关系为参照物，谈谈你自己的婚姻。将你和你的伴侣度过困难时期的方式与这些夫妻应对挑战的方式进行比较。你能找出你想要避免的行为吗？有什么你想效仿的事情吗？

4. 谈谈你们作为夫妻克服困难的能力。你们是否有过令你们特别自豪的经历或事件？如果有，你们是如何做到的？

如果你喜欢这些练习并且觉得它们有帮助，可以考虑定期做练习，在每年的结婚纪念日前后都做一下，也许这将使你有机会回首过去的一年中你们携手走过的岁月。

我认识一对夫妻，他们保存了一本不断更新的剪贴簿，里面有照片和纪念品，用来庆祝他们在一起的生活。他们像为女儿制作婴儿纪念册一样为剪贴簿添加内容，记录他们的感情生活。剪贴簿里有他们最喜欢的假期活动和家庭活动的快照、他们全年分享的卡片，还有给对方匆匆写下的有点傻的便条。这给了他们一个理由去收集全年关于他们婚姻运作的实物证据。这对夫妻时不时会坐下来，回顾幸福的时光，重新确认对彼此的承诺。

我赞赏那些为使关系保鲜而做出如此坚定努力的夫妻。他们正在承担更具挑战性的任务：持续地建立"婚姻根据地"，让他们的共同生活更加丰富多彩。

知道何时寻求帮助或放弃

在这一章中，我强调了三个简单的观点：爱、尊重和对你们长久以来在一起的时光的价值感。如果你们的婚姻完全缺乏这些要素，你发现很难在伴侣身上找到什么值得钦佩的地方，你基本上感觉不到尊重，你很难对伴侣产生感情，你感觉没有得到关心和爱护，当你回顾你们的婚姻时，一切都显得毫无意义和浪费，那么你应该认真考虑结束婚姻。

你的选择是：不顾自己的感受坚持下去，尝试改变婚姻，或者结束婚姻。但是，在你绝望地决定结束婚姻之前，请考虑一下你觉得婚姻前景暗淡的原因：你们的关系中是否可能存在一些可以改变的元素。这个可能是存在的，但是你已经陷入了婚姻的泥沼中，无法独立做出改变。如果你发现自己在尝试本书所述的婚姻改变策略时感到非常沮丧，你可能需要婚姻治疗师的专业帮助。寻求帮助并没有任何问题。毕竟,你的问题不是一夜之间产生的,指望立即解决根深蒂固的问题是天方夜谭。如果你感到完全被困住了,寻求帮助是明智之举。我鼓励你在遇到无法自己解决的问题时寻求专业帮助,并将这本书与婚姻治疗结合起来使用。

可悲的是,也有可能你的婚姻根本无法修复。其中一个迹象可能是:你或你的伴侣固守苦闷、受伤和愤怒的感觉,耿耿于怀。你或你的伴侣可能无法释怀,仿佛在说:"你对我做的事情太过分了,我永远不会放下这件事往前走,我不愿意让自己得到安慰。"如果你的婚姻中存在这样的痛苦,那么改变局面就变得极其困难。改变你的婚姻需要夫妻双方都做出承诺,否则改变可能是无法完成的。

知道何时结束一段婚姻也很重要。并非所有的夫妻都应该继续在一起,比起持续地争吵、抑郁、孤独和绝望,有时分居或离婚可能是更明智的选择。

如果你决定离婚,请记住,大多数离婚者最终都会再婚。我希望,如果你重新开始,你能利用本书中的见解,从一开始就建立起牢固而健康的情感伙伴关系。

最后的话

我希望,到现在为止,你已经清楚地知道婚姻如何做到历久弥新,以及当你的婚姻似乎出现问题时你可以做些什么。任何经历过不幸婚姻的人都知道,它有多么令人痛苦和沮丧。但请记住,即使看起来希望渺茫,许多婚姻仍然有药可救。

如果你的婚姻出现了问题,你可以在许多婚姻手册中或向咨询师寻求帮助。有的建议很有道理,有的则价值不大。这本书的独特之处在于它基于对数百对夫妻进行深入科学研究的真实数据。我的目标是与你分享我从研究中学到的启示,即为什么有些婚姻以失败收场,而另一些婚姻能够蓬勃发展。与此同时,本书中,我展示了如何利用我们所收集的智慧来挽救或改善你自己的婚姻关系。

当你和伴侣之间的事情变得复杂时——当每次谈话都陷入了争吵谩骂、循环往复、一团乱麻或冷漠时,不一定需要复杂的解决方法。许多婚姻出现问题的人都会说"我们只是无法沟通"或"我们不在同一个频道上"。但是,几乎所有的成年人(包括你的伴侣)都能够有效地沟通和解决冲突,这一点可以从他们交朋友、与他人愉快合作以及与邻居保持不错关系的能力中得到证明。那么为什么婚姻中的沟通变得如此困难呢?答案是:你们的关系越是被情绪所淹没,你们就越难发挥自己解决分歧的天赋。

有一定程度的消极情绪对婚姻至关重要。没有消极情绪,婚姻肯定会随着时间的推移而恶化。但当消极情绪过高时,婚姻必然会受到影响。我希望这本书能帮你认识到:过度的消极情绪即使对非常幸福的婚姻也会慢慢侵蚀,在夫妻之间建立隔阂,直到夫妻双方意识到发生了什么。即使你的婚姻被消极情绪压倒,也请你记住,有已经证明行之有效的对策。首先,要避免在有不同意见时采用批评、蔑视、防御或设阻的策略,即远离"四骑士"。要觉察内心的负面想法,这些想法会随着"四骑士"的出现而成为一种持续的内心脚本。当你或你的伴侣被情绪淹没时，要意识到这一点；在继续进行艰难的讨论之前，要给自己的身体一些时间冷静下来。最重要的是，要努力学习我之前提到的所有技能，要让确认和健康地解决冲突的方法成为你的第二天性，这样它们就不会在你最需要它们的时候抛弃你。

我相信，掌握了这些技巧，你就能阻止你们的关系沿着婚姻连锁反应的急流跌入婚姻破裂的深渊。相反，你会自然而然地进入我的研究发现的三种稳定的婚姻类型之一：多变型、确认型或回避型婚姻。你将能够自豪地回顾你的婚姻史，为你作为一对夫妻中的一方所经历的挣扎期感到光荣（包括可能导致你阅读这本书的艰难时期），并将满怀幸福地期待和展望未来。

无论你的婚姻旅程将你带往何处，我都祝福你们百年好合，幸福美满，当然还要有恰到好处的消极时刻，以使你们的婚姻更加牢固。

致谢

我写关于婚姻的书籍和科普文章已经有很长一段时间,但这确实是我第一次尝试向公众传达结果,对如何将其做得很好我并不确定。如果没有丹尼尔·戈尔曼的帮助和指导,我不可能做到这一点。这本书是与他跟丹以及和我合作过的其他几位作家共同编写的,特别是娜恩·西尔弗,她将这本书编辑成了一个无缝衔接的整体;参与制作的还有琼·德克莱尔、佩吉·吉莱斯皮和卡罗尔·珀金。我实验室的同事霍莉·普莱斯·克罗威尔通过向几位作家提供文字转录和数据,巧妙地指导了写作。

就像这本书一样,我过去二十多年的研究是一个协作事业。我早先与我的两个优秀学生——霍华德·马克曼和克利夫·诺塔里斯合作,然后继续与我的学生洛厄尔·克罗科夫、林恩·法因西尔伯·卡茨、雷吉娜·拉什和琼恩·吴·肖特合作。早年,我遵循了威斯康星大学论文导师理查德·麦克福尔概述的研究方法。麦克福尔建议临床研究者像研究蜜蜂的冯·弗里施一样成为行为学家——

这些研究者应该客观地观察自然行为中的变异性。麦克福尔建议，关键在于定义要研究的情况并找到与感兴趣的临床人群相似的"有能力的人群"。这种方法的大部分内容仍有待制订。但这在婚姻领域很容易做到。事实上，用于定义对婚姻满意或不满意的夫妻的大部分衡量工作已经完成。

该研究项目还涉及来自其他实验室的重要学者，包括吉姆·萨克特、罗杰·贝克曼、罗伯特·韦斯、盖拉·马戈林、玛丽昂·福加奇、杰拉尔·帕特森、海曼·霍普斯、卡罗琳和菲利普·考恩、约翰·文森特、大卫·瑞斯、乔伊·舒尔特布兰德、罗斯·帕克、加里·伯奇勒、德克·雷文斯托夫、库尔特·哈尔韦格、卡斯·沙普——我们对年龄较大的夫妻的时间较长的婚姻进行了协作研究。最近我们还和劳拉·卡斯滕森以及尼尔·雅各布森开展了暴力婚姻的合作研究。在推进工作时，哈罗德·劳斯的付出在提供思路和灵感方面有着特殊的地位。我还要感谢梅维斯·赫瑟林顿的启发和支持。保罗·埃克曼和华莱士·弗里森在我的情绪研究过程中对我的指导非常重要。

最重要的是我的同事兼最好的朋友鲍勃·利文森，在过去的十四年里我与他一直保持着密切的合作。言语无法表达这段关系对我的重要性。

我很幸运能够得到优秀编码员的帮助并听到他们的见解，其中包括玛丽·林恩·弗莱彻、格温多林·梅特塔尔、玛丽·维尔迪尔，以及最近的金·麦考伊、卡罗尔·胡文、克里斯蒂·洛伯格、桑尼·鲁克斯塔尔、吉姆·科恩、雪莉·道格特、科琳·康罗伊、科琳·塞托和大卫·麦克林泰尔。金·布尔曼通过设计口述历史编码系统对这项研究做出了重大贡献。雷吉娜·拉什在采访夫妻关于他们最积极和最消极的时刻的应对方法方面做出了重大贡献。

我与我的妻子朱莉·施瓦茨·戈特曼的讨论对这本书的影响非常重要。我的妻子是一名临床心理学家,她是一名富有洞察力的心理学家和敏锐的观察者。这本书献给她,不仅因为她对婚姻互动的见解,还因为我很高兴能娶到她。

我要感谢莎朗·芬蒂曼的帮助和支持,她是一名才华横溢、忠诚且充满活力的秘书。她是一名极有天分的艺术家,也是一个非常有条理的人。她决定与我合作并忍受我的没有条理,这让我感到惊喜万分。

我要感谢西蒙与舒斯特出版社的编辑加里·卢克的无误直觉。他似乎总是对的。我感谢他的指导和建设性批评。

如果没有国家心理健康研究所的研究资助以及我自一九七九年以来获得的研究职业发展奖和研究科学家奖的持续支持,这项工作是不可能完成的。麦克阿瑟基金会支付了建造我的爱情实验公寓以及CDMRC(儿童发展和精神发育迟滞中心)固定实验室的部分费用。

最后,我衷心感谢参与这项研究的数百对夫妻。他们向我们透露了他们生活中最私密的细节,他们为这项工作做出了主要贡献。专家是他们,而不是研究人员。我们的工作就是倾听并尝试理解他们。他们是婚姻生活的主人,他们怀有激情,他们度过了艰辛岁月,他们富有洞察力,这一切都指引着我们。他们慷慨地为研究工作捐赠了自己最私密和神圣的事物。如果这些工作能带来任何好处，他们的贡献将被认为是最勇敢、最重要的贡献。

约翰·戈特曼

华盛顿西雅图

一九九三年

Copyright © 1994 by John Gottman, Ph.D. All rights reserved.

© 中南博集天卷文化传媒有限公司。本书版权受法律保护。未经权利人许可，任何人不得以任何方式使用本书包括正文、插图、封面、版式等任何部分内容，违者将受到法律制裁。

著作权合同登记号：字 18-2025-021

图书在版编目（CIP）数据

好的婚姻 /（美）约翰·戈特曼,（美）娜恩·西尔弗著；王姗姗译. -- 长沙：湖南文艺出版社，2025.5. --ISBN 978-7-5726-2279-3

Ⅰ.C913.13-49

中国国家版本馆 CIP 数据核字第 2025SS6699 号

上架建议：畅销·婚姻家庭

HAO DE HUNYIN
好的婚姻

著　　者：	［美］约翰·戈特曼　［美］娜恩·西尔弗
译　　者：	王姗姗
出 版 人：	陈新文
责任编辑：	张子霏
出 品 方：	好读文化
出 品 人：	姚常伟
监　　制：	毛闽峰
策划编辑：	刘　雷
特约策划：	张若琳
文案编辑：	高晓菲
营销编辑：	刘　珣　大　焦
封面设计：	林　林
版式设计：	鸣阅空间
出　　版：	湖南文艺出版社
	（长沙市雨花区东二环一段 508 号　邮编：410014）
网　　址：	www.hnwy.net
印　　刷：	北京美图印务有限公司
经　　销：	新华书店
开　　本：	880 mm×1230 mm　1/32
字　　数：	217 千字
印　　张：	9.75
版　　次：	2025 年 5 月第 1 版
印　　次：	2025 年 5 月第 1 次印刷
书　　号：	ISBN 978-7-5726-2279-3
定　　价：	58.00 元

若有质量问题，请致电质量监督电话：010-59096394
团购电话：010-59320018